JN062600

徳音寺の木曽義仲墓所。左から樋口兼光、巴御前、奥に木曽義仲、小枝御前、今井兼平の順に墓塔が並ぶ〈木曽町日義〉

義経駒つなぎの桜。源義経が自分の馬をつないだといわれる〈阿智村智里〉

佐藤継信・忠信兄弟の供養塔といわれる京都国立博物館庭園の馬町十三重石塔〈京都市東山区〉

別名景清門とも呼ばれる国宝・東大寺転害門〈奈良県奈良市〉

長篠の古戦場。織田・徳川の陣営側から武田陣営方向を望む〈愛知県新城市〉

武田勝頼墓所のある景徳院〈山梨県甲州市〉

岩村城跡で最大の見どころ、「六段壁」の石垣〈岐阜県恵那市〉

高杉晋作ら奇兵隊士を祀る桜招魂社〈山口県下関市〉

長大な白壁の城壁が美しい明石城跡。小笠原忠真が築城に尽力した〈兵庫県明石市〉

戸田康長を救ったという狐を祀る夜光稲荷社〈松本市城東〉

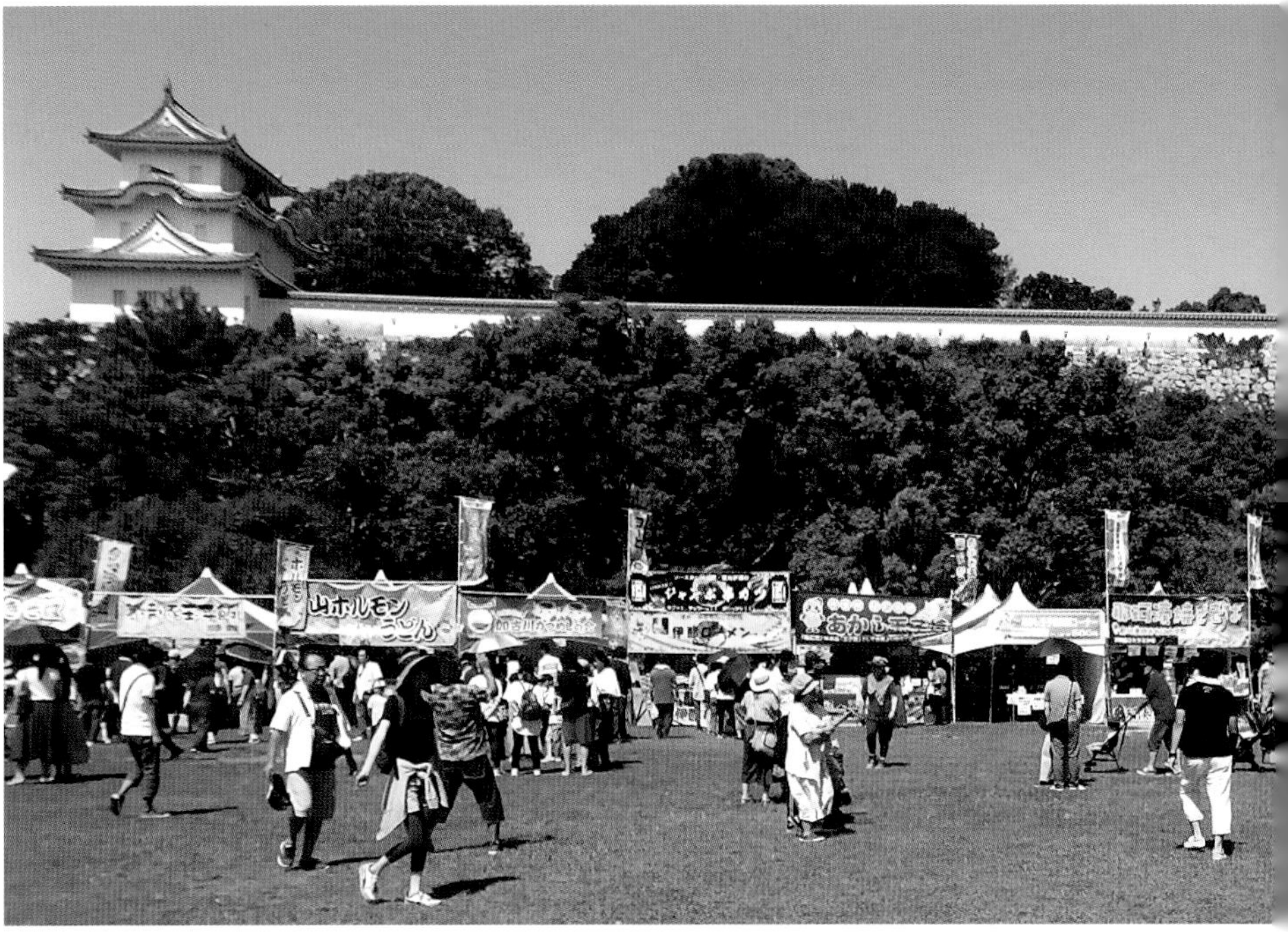

松原神社の水戸烈士塚〈福井県敦賀市〉

高杉晋作生家〈山口県萩市〉

負けても負けぬ

三十二将星列伝

目次

第三章　江戸の始まりから幕末　167

写真

山崎泰

取材協力

大聖寺
正行寺
象山神社
枇杷の湯
萬年屋
宮本屋
水戸弘道館

第一章　源平から南北朝へ

中原兼遠

木曽義仲挙兵の立役者

なかはらのかねとお（?〜一一八一?）

源平時代の信濃の武将。信濃国権守《ごんのかみ》の任に就いていたともいう。木曽中三（中原氏三男）とも号した。木曽義仲（幼名駒王丸）を二歳から育てた養父であり師でもあった。義仲の有力な家臣の今井兼平《かねひら》・樋口兼光《かねみつ》の、また義仲妻室・巴御前の父ともいう。義仲挙兵へと導く強力な後ろ盾を担った。しかし、義仲が決起する治承四（一一八〇）年の前後に没し、義仲とともにの上洛はならなかった。

「なんとか兼遠殿、この駒王丸を預かっていただけまいか、なにとぞ!」

兼遠を凝視し必死に懇願する武蔵国の武将・斎藤実盛《さねもり》とは旧知の間柄である。

兼遠は困惑した。

しかし、実盛の泣かんばかりに哀願する眼と、傍らの幼児《おさなご》の澄んだ光る眼を見るとても断る言葉は見つからなかった。

実盛は「このままでは到底駒王丸を悪源太義平《あくげんたよしひら》の厳しい探索から匿《かくま》いきれない。かといって殺されるのをわかっていて、差し出すことなどとてもできない…」と、困り果てて兼遠を頼ってきたのだ。

兼遠は熟慮を重ねた。しかし急がねばならない。義平の追及は迫っていた。

「あの希代の名将八幡太郎義家公の四世か…。信濃でじっくり育ててみるのも一考か…」

そう腹を決め、兼遠はうなずいた。

「かたじけない、兼遠殿」

とはいえ、源氏の御曹司を庇護することは、平

義仲誕生の地でもある源義賢居館の大蔵館跡。館内から大手口を望む。左右に土塁が残る〈埼玉県嵐山町〉

氏との関係においても危険である。なぜ、兼遠は決断できたのであろうか。

平家政権成って十余年、「此一門にあらざらむ人は皆人非人なるべし」という驕《おご》りの独裁体制と、膿んだ貴族政治に対して、ふつふつと湧く不平不満が地方の武士・農民に充満してきているのを兼遠は感じとっていた。

「新しき世をつくるその核となる貴種はいないだろうか」

そう案じていた兼遠の内懐が、駒王丸の澄んだ眼に映ったのであろうか。

「よし、賭けてみるか…」

埼玉県比企郡嵐山《らんざん》町の史跡・大蔵館跡は、関越自動車道東松山ＩＣから西へ四キロほどの地にある。また、周辺は往時の武蔵野の面影を残す雑木林や丘などが民家とともに点在している。大蔵館跡は土塁・石塁が残っており、うっそうとした林の中に鎮座する大蔵神社の境内となっている。

中原兼遠屋敷跡。「義仲元服の松」が目印となる〈木曽町新開〉

その当時、大蔵館の主であった義仲の父・源義賢《よしかた》は、一帯を支配する有力な豪族で、源氏の棟梁・源義朝《よしとも》の弟であった。

その大蔵館が、久寿二（一一五五）年八月、突如夜襲を受けた。

「敵は何やつじゃ？」

「悪源太義平！」

「な、なんと！」

領地をめぐって義賢と義平は紛争・対立していたとはいえ、襲撃してきた義平は義朝の嫡男、つまり義賢の甥となる。その虚をつかれた。

油断であった。あまりの激しい急襲に、剛の者といわれた義賢にもかかわらず、乱戦の中、白刃の下にあえなく討死。二歳の駒王丸は従者がなんとか燃えさかる館から連れ出し逃れた。

「必ず見つけ出せ」と、義平は徹底捜索を厳命した。

その結果、まず畠山重能《しげよし》が駒王丸を捕えた。だが幼児の姿を目にして、とても義平に差し出すことはできなかった。

困り果てた重能は同じ武蔵の武士・斎藤実盛に頼んだが、実盛とて同じ、義平の追及から庇いきれないとして兼遠にすがった。

恩賞目当てに、駒王丸を兼平に突き出さなかった重能・実盛の温情が義仲の命を救った。後に、義仲は重能・実盛と運命的な再会をする（樋口兼光の項参照）。

義仲や兼光・兼平らが学んだという手習天神。兼遠が勧請したという〈木曽町新開〉

かくして意を決した兼遠は、関東から遠い信濃の木曽に駒王丸を連れ帰り、自分の子とともに手塩にかけて育てたのである。

木曽町新開の中原兼遠屋敷跡は、旧中山道から少しはずれた西に位置している。JR中央線の陸橋を徒歩で渡っていくと、田園の中の一本松「義仲元服の松」が目印となる。

館跡は木曽川と天神川に防御された地で、広大な屋敷のあったことが推測できる。館近くの手習《てならい》天神（山下天神）は、兼遠が義仲や息子の兼平らに武芸だけでなく学問をも習わせるために都から天神をわざわざ勧請《かんじょう》し建てたものという。江戸時代には中山道を往来する旅人の多くが、この古社に参詣したといわれる。

兼遠の父・兼経は京の中小貴族で、朝廷で大外記《だいげき》を務めていたともいわれ、その後信濃・佐久に移り住んだという。兼遠の妻は上野国《こうずけのくに》の児玉党の出身といわれ、兼遠は信濃木曽から上野までその活動範囲が広かったようで斎藤実盛とも面識

松本平の中原氏館跡〈松本市今井〉

があっただけではなく、関係も深かったのだろう。また、信濃国府の権守という地位にあったともいわれ、学問詩歌に通じていたという。『源平盛衰記』には、「兼遠ハ世ニアル（裕福な）者ナリ」とあり、かなりの富裕者だったと思われる。

「兼遠の支配の中心は木曽谷よりも松本平。義仲も松本で主に育てられたのではなかろうか」という説や、「兼遠は古代東山道の美濃・信濃・上野国のルートを行き来した輸送業者を兼ねていたのでは」などの説が唱えられる所以《ゆえん》である。

ちなみに松本市内・元町の七本松は、兼遠が屋敷を構えていたと伝えられるところであり、また松本市の今井地区には、「中原氏館」と伝えられる地に標柱が立っている。

今井は木曽と松本平を結ぶちょうど中間に位置し、兼遠は一子・今井四郎兼平に一帯の支配を委ねていたともいわれる。兼遠は、この兼平や樋口兼光とともに、義仲に武芸・学問、天下の情勢を入念に教え育てた。

林昌寺の兼遠墓所〈木曽町日義〉

感涙する兼遠

そして、駒王丸こと義仲を預かって、雨露霜雪《うろそうせつ》二十年余。

成人となった義仲が、あらたまって意を込めた物言いで養父・兼遠にこう語った。

兼遠は息を飲み畏まって聞いた。

「頼朝殿はすでに挙兵して、関東八ヵ国を従えて東海道をのぼり平家を追い落とそうとしている。義仲も東山・北陸道を従え、一刻も早く平家を攻め落とし、日本国に二人の将軍（頼朝と義仲）あり、と言われたい」と。

兼遠は涙ぐみ、感きわまって嗚咽《おえつ》しながら言った。

「御曹司の今のお言葉、まことに嬉しく存じまする。かくのごとき勇往邁進する心意気を育てんがため、拙者は、『君ヲバコノ二十余年養育シ奉テ候』（『平家物語』）」と。

兼遠の長年思案して温めてきたものが、今や大輪となって開きつつあった。まさに「殿ヲ今マデ

林昌寺の兼遠墓所から木曽谷を北に望む〈木曽町日義〉

育テ奉ラン本意、偏《ひとえ》ニ其ノ事ニアリ」と、兼遠は随喜し、感涙にむせんだ。

ところがちょうど同じころ、義仲をひそかに匿って育てていたことが京の平氏の知るところとなり、都に呼び出された兼遠は厳しく詰問された。窮した兼遠は、

「わかり申した。義仲を都へ連行いたしまする」

と言って偽りの起請文をしたため、尋問の場をかわして木曽へ戻った。

急がねばならない。

兼遠はただちに、佐久の根井《ねのい》氏など信濃の有力豪族らに熱誠を込めて説いてまわり、義仲挙兵の大事を託した。

その素地が成ったと得心した兼遠は、平氏をはばかって身を引き剃髪、円光と名乗った。

根井一族の他、東信の滋野氏や松本平の岡田氏らが義仲挙兵に呼応して従ったのは、まさに兼遠の懇請《こんせい》の力が功を奏したのである。兼遠は「義仲

を世に送り出す」という自らの役割を成し遂げ、義仲挙兵の前後に逝去したという。

おそらく兼遠は、上洛後の義仲をもっとも憂えていたことだろう。一気に政治色を帯びる義仲周辺の激変を。

「あのしたたかな公家どもと相対するには…」

苦悩を憂慮を残して兼遠は逝った。


木曽町日義の林昌寺は兼遠が出家し、円光と名乗り開基した寺で、国道一九号線沿いに位置している。境内の一段と高い地に眠る兼遠の墓塔からは、義仲や中原一族の夢をはぐくんだ地、木曽川沿いの宮ノ越宿の向こう、山吹山あたりまでの一帯を遠く望むことができる。

「義仲上洛後の公家との外交交渉を兼遠が担っていたならば、ああもむざむざ義仲も滅びはしなかったろうに…」などと、悔恨の情に浸る地である。


兼遠死後、まるで相談したがごとく兼遠の代わりとして登場、一時的だったとはいえ、義仲の右筆・軍師的な地位となった覚明について触れておきたい。

覚明は比叡山、南都にも足を運ぶ最乗房信救《しんぎゅう》と名乗る僧侶だった。文筆に才あり、治承四(一一八〇)年の以仁王《もちひとおう》挙兵の令旨《りょうじ》に対する南都の返書をしたためたという。その中での、「清盛は平氏の糟糠《そうこう》、武家の塵芥《ちんがい》」という文言が清盛を激怒させたため、信濃に逃れてきたといわれる。

また一説では、覚明は東信の豪族海野幸親《うんのゆきちか》の子・通広といわれ、また幸親は兼遠の兄という説もある。となれば兼遠と覚明はかなり緊密で、兼遠が覚明に義仲の後事を託したとも考えられる。

樋口兼光

義仲四天王筆頭の猛将

ひぐち・かねみつ（?〜一一八四）

源平時代の武将。木曽義仲の家臣で義仲四天王の一人。父は中原兼遠《なかはらのかねとお》、今井兼平は弟、巴御前は妹という。正式には中原次郎兼光となる。義仲挙兵以来戦陣をともにし、倶利伽羅《くりから》峠《とうげ》、篠原の合戦での奮戦は特に著しかった。寿永二（一一八三）年七月義仲とともに上洛、平氏を西に追う。しかし翌年一月、鎌倉方との合戦に敗れ義仲討死、兼光も捕縛され斬首となる。享年三十五か。ちなみに上杉景勝の重臣として名高い直江兼続《なおえかねつぐ》（旧姓樋口）は兼光の子孫を称した。

兼光の最期の姿を思いうかべる時、惻隠《そくいん》の情は禁じ得ない。哀れである。

「鎌倉軍が大挙上洛」の報を聞いた時、兼光は義仲に離反していた源行家を討つために河内へ出陣中だったが、急遽都へ馳せ戻った。だがその途中、義仲・兼平らの討死を聞き茫然自失、なすすべなく鎌倉方の武蔵児玉党の軍に捕縛された。

「木曽殿ガ四天王ノ随一」と畏敬された兼光の高名を知る児玉党はその助命を院に懇請した。さらに、鎌倉方総大将の義経も蒲冠者範頼《かばのかじゃのりより》もまたしきりに助命を願った。

しかし公卿や局の女房たちは、法性寺を焼き滅ぼした際の総大将は兼光、という強い思い込みから、「そんな樋口を助命するは口惜しい」と述べた。また、「今井樋口楯根井とて木曾が四天王のその一人となれば、これらを助けられんは養虎の憂へあるべしと殊に沙汰あり」（『平家物語』）。すなわち、四天王の一人兼光を生かしておくのは虎を飼っているような恐れがあると主張する者もいて、公卿の衆議は兼光死罪に決した。公家たちは兼光の名にただただ恐懼《きょうく》していたのである。

　義仲や兼平の首級が都大路で引きまわしとなった日、兼光は捕縛された屈辱の姿のまま引きまわしの列の供を願い出た。幼い頃から義仲を慕って苦楽を共にしてきた兼光の、純な心中は都人の胸に届いたろうか。あくる日兼光斬首。その首級は義仲らと並べ晒された。

　この間の兼光の姿は『平家物語』の中で特に一章設けられ、「被斬樋口事」に詳しく記されている。兼光ゆかりの史跡が都周辺に何もないのが残念である。

高さ４メートル近い樋口兼光墓碑〈辰野町樋口〉

　都で斬首された兼光の墓所が南信濃の辰野町樋口の地にある。高さ四㍍近い巨大な自然石の墓碑には、「樋口次郎兼光之墓」と大書されている。当時良馬の産地だった伊那谷北部一帯の支配を、父・中原兼遠は兼光に任せていた。そのため姓「樋口」が通称されたと思われる。

　墓塔は兼光公死後八百年祭奉賀会の際、地元の人々の手で兼光屋敷跡の地に建立された。由来によれば、兼光の従者が遺髪を形見として都より持ち帰り、この地に納め菩提を弔ったという。兼光にとって伊那谷の樋口の地は第二の故郷といえようか。広い墓域の中央に立つ兼光の墓碑の周囲には、杉と桜木が墓碑を守護するように並び立っている。

徳音寺の樋口兼光墓塔〈木曽町日義〉

兼光の墓は、生まれ故郷の木曽町日義の徳音寺にも立てられている。境内の一番奥まった山際の一段と高い地に、義仲を中心として巴御前・今井兼平と寄り添うように並ぶ「心光院殿塔」と刻まれた墓塔が兼光のもので、ともに木曽川の清流と宮ノ越の街並みを見守っている(口絵参照)。

徳音寺の門前近くの義仲関係の資料館・義仲館には、義仲らとともに兼光の武者人形も飾られている。また二キロほど南の原野の地には「兼光屋敷跡」の立札がある。兼光は義仲や弟の兼平らと木曽の地で、父・兼遠の薫陶を受け育てられたという。

激戦の倶利伽羅峠

兼光は治承四(一一八〇)年の義仲挙兵以来、幾多の合戦で義仲とともに戦場を疾駆してきた。

史上名高い寿永二(一一八三)年五月の倶利伽羅峠《くりからとうげ》の合戦、それに続く篠原の合戦での兼光の活躍はめざましく、『源平盛衰記』にはその

倶利伽羅峠古戦場の為盛塚〈富山県小矢部市〉

姿が生き生きと描かれている。

「兼光、おぬしは峠を迂回して搦《から》め手から攻めよ。わしは兼平らと共に正面から攻めのぼる。鬨《とき》の声を合図に一気に挟み撃ちじゃ。遅れるなよ、急げ」

「承知！」

兼光はただちに移動、ひそかに平家軍の背後へ。

「樋口次郎兼光は搦手に廻たりけるが三千余騎、其中に太鼓、法螺貝、千ばかりこそ籠《こも》たりけれ。木曽義仲は、牛四五百疋取集て、角に続松《ついまつ》結付て、夜の深るをぞ相待ける」と、『源平盛衰記』は記す。

この時の峠の平家軍を攻め上げる義仲軍の陣構えは、実に抜かりなく綿密なものだった。軍勢を七つに分け、まず搦《から》め手に兼光軍を置き、その後方の備えに叔父の源行家を配した。北方の側面には依田次郎を、また南の側面には今井兼平、根井行親、さらに巴御前にも一軍を率いさせ、そして正面は義仲自らが布陣した。

石川県津幡町竹橋は、兼光が搦め手軍を率いて陣を構え、倶利伽羅峠へ攻め上った地である。現

倶利伽羅峠の合戦における兼光搦め手の陣所碑〈石川県津幡町〉

在、一帯は「道の駅 倶利伽羅源平の郷」となり、その一角に、「樋口次郎兼光隊進軍の地」と刻まれた石碑が立っている。

ちなみに、この道の駅に飾られている巨大な「火牛」の木像はなかなかの迫力で、一見に値する。

……深更、突如暗闇の深山に鯨波《げいは》の声がこだました。これを合図に義仲軍は一気に峠上の平家軍を急襲。

驚愕する平家。敵に倍する大軍の油断から「早暁からの合戦」と、かってに決めてかかっていたのだ。まさに義仲の思う壺だった。

「火牛の計」の真偽はともかく、大軍の油断を突いた奇襲により、平家軍の多くは人馬もろとも地獄谷に滑落、合戦は義仲軍の大勝利となった。『源平盛衰記』によれば兼光は、乱戦の中で平家方の勇将・平為盛（平清盛の甥）の首級を挙げるなど、大功を挙げた。

峠一帯の古戦場には、平家本陣跡の碑や後世に立てられた記念碑などが数多く立ち並ぶ中、兼光が討ち取ったという為盛の供養塚も、「源平供養塔」の近くにひっそりと苔むしている。

兼光の勇猛ぶりは二十日後の篠原の戦いでもいかんなく発揮された。一番手・先陣を命ぜられた兼光は魚鱗の構えにて、敵先陣・畠山重能《しげよし》隊の鶴翼の陣に相対した。

その激戦を『源平盛衰記』は、

迫力ある巨大な火牛像。道の駅「倶利伽羅源平の郷」にて〈石川県津幡町〉

「…巻イテハ出ヌ、籠リテハ散リヌ、散ッテハ籠リヌ、討チ討タレヌ…」と、両軍一歩も引かず熾烈《しれつ》をきわめた白兵戦を描いている。

畠山重能は、幼かった義仲、駒王丸の命を斎藤実盛《さねもり》とともに助けた人物である(中原兼遠の項参照)。

義仲軍は倶利伽羅峠の大勝の勢いのまま、ついに篠原においても平家軍を圧倒した。平家軍は総崩れとなり潰走、再び義仲軍の大勝利となった。

平家の武将の内、最後まで孤軍奮闘して戦った斎藤実盛の話は古来名高い。

手塚光盛が黒髪の敵将の首級を池で洗い清めると、みるみる白髪に。

「ああ、この人こそ義仲公の命の恩人・実盛公!」と断じたのは、実盛を見知っていた兼光であった。

その場面を篠原の古戦場には銅像として、実盛の首級を抱く義仲、実盛と知らず首を討ってしまってうなだれる手塚光盛、そして確かに実盛であると首級を検分する兼光の三人の姿が表されて

実盛の首級と判明して義仲が涙する場面の銅像。左が義仲、中央は首級を実検する兼光、右は実盛を討った手塚光盛〈石川県加賀市〉

いる。一説によれば兼光は妻室を武蔵児玉党から娶《めと》ったといわれ、それが事実ならば兼光は武蔵方面にもよく足を運んでいて実盛のことを見知っていたと考えられる。

三人の像は実盛の首級を洗ったという「首洗い池」のすぐ近くに立てられている。ちなみに義仲が実盛を厚く葬った実盛塚はここから西へ一㌔ほど、枝を前後左右に大きく伸ばした龍のような老松が、塚の中央でその存在を示している。

かくして義仲軍は篠原の戦いの勝利の勢いをもって一気に上洛、平家を都から西に追ったのだが…。

それから数ヶ月後、義仲とともに兼光は最期を迎えた。義仲とともに生き抜いた波瀾万丈の生涯だった。

佐藤継信・忠信兄弟

義経一途に生きた生涯

さとう・つぐのぶ（一一五八？〜一一八五）
さとう・ただのぶ（一一六一？〜一一八六）
源平時代の武将。兄弟ともに源義経の家臣。当初は奥州藤原秀衡《ひでひら》の家臣だったが頼朝の挙兵に馳せ参ずる義経に、秀衡は兄弟を家臣として従わせた。以後二人は義経に忠節を尽くし、武蔵坊弁慶・伊勢三郎と並び義経四天王と称せられた。しかし継信は元暦二・寿永四（一一八五）年の屋島の合戦にて、忠信は翌年、義経と頼朝との抗争の中で都にて戦死。享年二十六〜二十八か。

「さとうつぐのぶ・ただのぶ？　聞いたことないなぁ。義経の家来といえば弁慶だろうが」

と、歴史通の友人。


そこで京都に立つ巨大な佐藤兄弟の供養塔の写真を見せ、さらに、

「善光寺境内にも二人の供養塔があるんだぞ」

というと、

「そんなに有名か？」

と怪訝《けげん》な表情。

かくのごとく、残念ながらあまり知られていない佐藤兄弟だが、逆にそれだけあるじの義経、そして弁慶の名が有名すぎるといえようか。

とはいえ、京都・国立博物館敷地に立てられている兄弟の二つの巨大な六㍍にも及ぶ供養塔を仰ぎ見た時は、息を飲んだ（口絵参照）。

「佐藤兄弟はここまで称えられているのか」と。

その驚きは、四国・屋島の古戦場を訪れた時、倍加するのだから恐れ入った。

馬町の兄弟墓所〈京都市東山区〉

京都国立博物館の二つの十三重塔は、もともとここに立っていたのではなく、近くの東山区馬町の市街地にあったという。正式名は「馬町十三重石塔」。現在のような形に復元されたのは昭和十五（一九四〇）年で、それまでは三重塔と六重塔で上部は欠け落ち、その石が台座に使われていたという。石塔は馬町交差点近くの住宅街の路地あたりに立っていたといい、今はその地に二人の墓塔がひっそりとある。

佐藤継信・忠信兄弟は、義経の家臣にて、弁慶・伊勢三郎に負けぬ熱い忠節心を持った武将として後世にその名を残した。

寿永三（一一八四）年の播磨・一ノ谷の合戦に続き、義経が勝利した讃岐・屋島の合戦は、那須与一が扇の的を射る話で世に知られた海戦である。義経は阿波国から上陸して、平家が陣を構える讃岐・屋島の背後より奇襲した。源氏優勢の熾烈《しれつ》な戦場の中、敗色を挽回せんとして平家の猛将・平教経《のりつね》の「総大将・義経をただ一矢に射ん！」と放った強弓は、あわや義経に命中と思いきや、とっさに義経の前に躍り出た佐藤継信を射抜いた。継信は身を挺して義経を守ったのだ。

気息奄々《きそくえんえん》の継信。

「継信、しっかりせい、継信」

と肩を揺らす義経。

「君（義経）の御世に渡らせ給はんを見参らせず

継信戦死の地に立つ射落畠碑〈香川県高松市〉

（殿が出世されるのを、この目で見ることなく）して、死に候ふ事こそ心に懸かり候」（『平家物語』）と声をしぼり出す継信。

そしていまわの際に、

「武人が敵の矢に当たって死ぬは、覚悟の上。今はただ、源平合戦にて、奥州の佐藤三郎兵衛継信という者が、屋島の合戦にて、義経様の命に代わって討たれたと、末代まで語り継がれるのが、この世の名誉、冥土への思い出です」

この継信の最期が、後世の人々の心をつかみ、まさに末代まで語り継がれているのである。

屋島の古戦場

八百年の歳月を経た屋島の古戦場へ。

那須与一が扇を狙って弓を構え念じて立ったという祈りの岩や、義経弓流しの地、悪七兵衛景清錣《しころ》引きの地、そして継信が討死した「射落畠《いおちばた》」の地の史跡などが点在する。

みな古くよりいい伝えられている海岸近くの地

牟礼川河畔の継信の墓所〈香川県高松市〉

だったのが、その後しだいに埋め立てられ、現在の海岸線からかなり内陸に入った地にそれぞれが位置していた。なかでもひときわ大きい「佐藤兵衛尉継信戦死處　射落畠碑」と刻まれた高さ三メートルは有する巨大な石碑には圧倒された。

　また、近くの牟礼川河畔の、江戸時代に初代高松藩主の松平頼重が築いたという継信の墓所は、昭和になって子孫が大改修したとはいえ、まるで公園のような広大な墓所で、これにも驚かされた。頼重は、継信の命を賭した忠死に深く感嘆したのだろう。

　さらに頼重は四国を巡礼する人々に、継信の忠死を広く知ってもらうため、巡礼者の往還する屋島の道筋に、継信の墓碑を立てた。往時の古戦場全体を東から広く俯瞰できる眺めのよい地である。

　屋島の合戦といえば、那須与一の名があまりにも有名だが、まさか佐藤継信がかくも称えられ、屋島の古戦場に史跡を残しているとは、不覚にも私は屋島へ来るまでまったく知らなかった。

吉野山花矢倉の忠信碑〈奈良県吉野町〉

兄・継信を亡くし悲しみにくれた弟・忠信だったが、その後も義経に随従し、壇ノ浦の合戦でも活躍する。そしてついに義経は平家を滅ぼす。だが、義経の名声が一躍挙がったことが尾を引き、歴史は大きく転換、源平の戦いから、なんと義経と頼朝の、皮肉にも兄弟どうし、源氏どうしの対立・抗争へ変わっていく。

『吾妻鑑』には、義経・頼朝の抗争が激化する中で、文治元(一一八五)年、鎌倉から都に刺客が差し向けられた際、忠信は義経とともに応戦したという記述がある。そして、義経の西国行きに同行するも、船が難破、忠信は都に戻り潜伏していたが、翌年居所を襲撃されついに自害したという。

『義経記』によれば、頼朝との抗争が劣勢となった義経一行は、京から難波を経て、大和・吉野の山中へ落ちのびていく途中、吉野の荒法師たちに襲撃された。この時、義経の甲冑《かっちゅう》をまとい身代わりとなって敵を引き付け奮戦、義経の危機を救ったのが忠信であった。忠信は義経を逃げ延びさせ、自らも難を逃れて都に潜伏した。しかしその後隠れ家が発見され襲撃を受け、ついに割腹自刃《かっぷくじじん》した。

後にこの忠信の孤軍奮闘ぶりを聞いた頼朝は、「哀れ剛の者かな。東国にこれほどの者なかるらん」と涙したという。

医王寺境内に立つ義経と佐藤兄弟の像〈福島県福島市〉

奈良・吉野山において、忠信が義経を逃すために身代わりとなって敵を追い払ったといわれる地が、今は眼下に広大な千本桜を見下ろす名所・花矢倉の地だったという。

人影がまばらの真夏に花矢倉を訪れた。最盛期にはとても行けない狭い登りの吉野道をグングン車で。桜の花は咲いてなくても眼下のしたたるような濃い緑がパノラマのごとくに広がっていた。その一角に、忠信を称える「佐藤忠信花矢倉」と刻まれた碑が立てられていた。そして花矢倉よりかなり下った地の吉水神社には、忠信が愛用した兜《かぶと》が残されているという。

忠信の義経を思う一途な姿をもとに、歌舞伎「義経千本桜」の狐が忠信に化けて義経・静御前を救う「狐忠信」の物語が創作され、今日まで演じ続けられているのだろう。

『平家物語』『義経記』に描かれた佐藤兄弟の生涯は、世の多くの人々に感銘を与え、語りつがれ、しだいに真実味を帯び、全国へ、そして後世へとあまねく伝播して、ゆかりの地や史跡がつくられたのであろう。

京都国立博物館敷地内に並びたつ馬町十三重石塔は、二人の一途な生きざまを語り継いできた人々の心情の象徴といえよう。

そしてわが信州の善光寺。

壮大な山門を抜けたすぐ左に、肩を寄せるように二つの供養塔が並んでいる。善光寺の広大な境内に林立する数多《あまた》の石塔の中でもっとも古い石塔で、佐藤継信・忠信兄弟の供養塔という。

伝説によれば、故郷・奥州の地で待てど暮らせど、ついに帰郷することのなかった二人の兄弟のために、母・梅唇尼《ばいしんに》は信濃・善光寺を参詣した折、ここに供養塔を立て厚く菩提を弔ったという。

この稿を書くにあたり長駆、佐藤兄弟の聖地ともいうべき奥州・福島市の医王寺を訪ねた。杉の大木が整然と並び立つ長い参道の奥に薬師堂を囲繞《いにょう》するがごとく、兄弟の墓塔が父・佐藤基治と母・乙和(梅唇尼)の墓塔とともに静寂の中に並び立っていた。

感慨に浸りながらも、私は境内の義経を守るように継信・忠信が両脇に並ぶ三人の石像がほほえましかった。

佐藤兄弟の義経への健気で一途な忠節心は、戦前などはおおいに喧伝《けんでん》されたろうが、今はいささか縁が遠い物語といえようか。こんな日はいつかまた来るのだろうか。

「佐藤兄弟? 知ってる、知ってるよ。あの義経の盾になった兄弟だろ」

源義経

奥州から壇ノ浦へ、そして奥州にて散る

みなもとのよしつね（一一五九〜一一八九）
平安末期〜鎌倉時代初期の武将。幼名牛若丸または遮那王《しゃなおう》。源義朝《よしとも》の九男で三男の頼朝は兄。平治の乱で源氏敗戦後、京・鞍馬寺に身を預けられ、その後奥州・藤原秀衡《ひでひら》のもとへ。治承四（一一八〇）年頼朝の挙兵に奥州より参陣、一軍の将として木曽義仲を討ち、さらに平氏を壇ノ浦に攻め滅ぼす。しかし、その後頼朝と不和・対立し奥州へ逃れる。秀衡死後、その子泰衡《やすひら》に攻められ衣川の館にて自刃《じじん》。享年三十一。

奈良時代から中世にかけて、旅人が足を運んだ京と奥州を結ぶ東山道。その信濃路へ分け入る道筋は、美濃から神坂峠《みさかとうげ》を越え現在の長野県阿智村に至り、伊那路を天竜川沿いに北上するという行程であった。

義経が旅の途中に駒をつないだという桜樹・義経駒つなぎの巨木は、阿智村智里の旧東山道沿いに毎年、あでやかな姿を現す（口絵参照）。

苔むす幹の太さは二㍍《メートル》余、天に広がる堂々たる桜樹である。最近は満開時、すぐ前の田に水を引いて桜を映し美しさを倍加させるという工夫がなされ、訪れる人々を喜ばせる。

義経は、生涯のうち二度奥州へ旅している。最初は十六歳頃、金売吉次《かねうりきちじ》の勧めで鞍馬山を抜け平泉の秀衡のもとへ向かった。

二度目は二十九歳頃、鎌倉方の追跡を逃れ、京から「勧進帳」で名高い安宅《あたか》関を擁する北陸道を経て日本海沿いを奥州へ抜けたとされる。

とすれば、義経が信濃路を通ったのは、最初の承安四（一一七四）年のこととなるのだが…。

義経の奥州への門出にちなんだ首途八幡宮〈京都市上京区〉

「ほんとうに義経は信濃路に足跡を残したのか、ほんとうに義経はこの桜に馬をつないだのか？」と、真っ正面から問われると応えに窮し、苦笑せざるを得ない。

阿智村には義経を奥州へ導いたとされる商人・金売吉次の伝説が残されており、それがしだいに派生して義経桜の伝説をなしていったのであろう。義経人気の広さ・深さを物語る伝承というべきか。

義経ほど破天荒な生涯を送った武将はいない。そのゆかりの地・史跡は全国各地に数多く点在する。

三歳のとき父義朝が平治の乱で敗死、鞍馬寺にて仏門に入るとして命を助けられた。しかし義経が成長するにつれ平氏の目は厳しくなった。

そのころ奥州の藤原氏と縁の深かった商人・金売吉次は京に居住しつつ、義経の身の安全を憂慮

鞍馬寺の義経堂〈京都市左京区〉

していた。

そして「御曹司（義経）、広い奥州にて存分に弓馬の道を鍛えてはいかが」と。

義経も鞍馬で何かと窮屈を感じていただけに渡りに船、十年にも及ぶ鞍馬での修行は、仏事より剣術だったとなればなおさらのことであった。

京都市上京区の首途《かどで》八幡宮は、当時この一角に吉次が屋敷を構えていたといい、この地から義経が吉次一行とともに奥州へ旅立ったことにちなみ、名付けられたという。よって今は旅行安全祈願の神社とも。

本殿は長い参道の先、石段を配した上に立つ。参道の傍らの石碑に「源義経奥州首途之地」と刻まれている。

また、鞍馬山中の、牛若丸（義経）が剣術の修業をしたといわれるあたりに義経堂が鎮座、義経が奥州で落命後、その魂は鞍馬の山に戻ったとされ、護法魔王尊の脇侍「遮那王尊」として祀られている。

頼朝と兄弟相対したという八幡神社の対面石〈静岡県清水町〉

蛇足ながら、京の市街と山科の里を結ぶ途中の道の、「蹴上《けあげ》」という地名について。

奥州へ向かう義経一行がこの登り道にさしかかったとき、ちょうど向こうから平家の騎馬武者が通りかかった。すれ違いざま、平家の武者の馬が泥をはね上げ、それが義経の衣にかかった。怒った義経は九人の武者をすべて斬り捨てたという。

義経の、意外というべきか激しい気性の一端を伝える逸話で、以来この地を「蹴上」と呼ぶようになったという。斬られた平家の武者を里人が弔い祀ったと今に伝えられる石仏が道沿いに祀られている。

奥州に行き着くと、藤原秀衡にことのほかかわいがられた義経は、思うがまま武術の道に勤しみ、おおいに驥足《きそく》を展《の》ばしたと思われる。

そして運命の治承四(一一八〇)年。

屋島の平家を急襲するため阿波国に上陸した地に立つ義経像〈徳島県小松島市〉

懐旧の涙から別れの涙へ

兄頼朝が平氏打倒の兵を伊豆で挙げた。

即刻駆けつけんと勇む義経の決意の固さを知った秀衡は、勇猛な佐藤継信・忠信兄弟を義経の家臣として随従させ、また「太夫黒《たゆうぐろ》」という名馬を与えその出馬を激励した。

そして…。

「九郎（義経）か？」

「兄上！」

「おう、おう、どことなく父上（義朝）の面影が…」

「兄上！」

義経はただそう呻くだけで声が出なかった。

「よう来た、よう来た、よう来たのう……」

兄弟抱き合って涙にくれたという「黄瀬川の対陣」である。義経この時二十二歳、頼朝は十歳年長であった。

静岡県駿東郡清水町の黄瀬川の流れから近い八幡神社に、義経と頼朝が向き合って座ったという「対面石」が鎮座している。何の変哲もないまったくの普通の石でいささか拍子抜けするが、だからこそまた妙に真実味を帯びる。

『吾妻鑑』はこう記す。

「義経、御前（頼朝）に参進す。互いに往事を談り、懐旧の涙を催す」

その後義経は頼朝の命にて上洛軍を率い、木曽義仲を宇治川の合戦で討ち、さらに西国へ逃れた平氏打倒の先頭に立った。

腰越状をしたためた満福寺。目の前を江ノ電が走る〈神奈川県鎌倉市〉

一ノ谷の合戦では奇想天外の鵯越《ひよどりごえ》の逆落としという奇襲作戦で平家を海上に追い、対岸の讃岐屋島へ逃れた平氏を義経はさらに追った。摂津から船に乗り込み阿波へ上陸、再び平氏を背後から急襲、これを討ち破った。

徳島県小松島市の旗山は、義経が阿波上陸の成功と士気の高揚のため源氏の白旗を高く掲げたという地で、巨大な義経騎馬像が立てられている。

さらにまた義経は壇ノ浦の戦いにおいて、潮流を巧みに利用して平氏を海中に殲滅《せんめつ》するという大功をなす。

壇ノ浦を望む下関市・みもすそ川公園に立つ八艘跳び姿の義経像あたりから、巨大タンカーもあえぐ狭い海峡の激しい潮流を目の当たりにすると、八百年前の激戦、源平大海戦の逸話を想起できる。

かくのごとく義経の活躍を賛美する史跡は枚挙に暇がない。

壇ノ浦を望む地に立つ八艘跳びの義経像。右は碇を身体に巻き付け入水せんとする平知盛像〈山口県下関市〉

安宅の関所跡に立つ富樫（右）、弁慶（中央）、座ってうつむく義経（左）の像〈石川県小松市〉

「なぜ、そんなに昔から義経は人気があるんですか。頼朝から逃げてばかりでいるイメージが強いのですが」

かつてこんな質問を高校生から受けた。

「『判官贔屓《はんがんびいき》』っていうのは、たんに哀れさへの同情じゃないんですか」

とも。

「栄光があまりに派手、凋落《ちょうらく》があまりに悲劇的だったからかな。時代を越え、楠木正成、織田信長、西郷隆盛あたりと似て、その落差の大きさが人々の胸を打つんだよ、きっと」

……壇ノ浦から都に凱旋した義経。

しかし、検非違使《けびいし》の官職を法皇から頼朝の許しなく得たことが不興を買った。

義経は鎌倉へ向かい、「まったく私心はない」と、腰越状を必死でしたためて頼朝へ送ったが、頼朝はついに会おうとしなかった。

寺のすぐ前を江ノ電がゆっくりと走る鎌倉腰越

の満福寺には、義経が涙ながらにしたためたという腰越状の写しが残っている。ここから鎌倉までわずか五キロほど。

「なんとか弟に会ってやれなかったのか、頼朝さんよ…」

満福寺のあたりから相模湾の静かな海を眺めると誰しも胸に抱く情感…。

高館の丘に立つ義経堂。堂内に義経像が祀られている〈岩手県平泉町〉

ここから義経の悲劇の幕が開く。一転、鎌倉幕府から追われる身となった義経は追捕の手を逃れ北陸路から再び奥州へ。あの歌舞伎や浄瑠璃で名高い「勧進帳」の話はどこまでが真実なのか。北陸路の安宅関跡を訪ねると、勧進帳劇の主役たる弁慶・富樫・義経の像が日本海の波を前に並んでいる。顔を隠してうずくまる義経像が痛々しい。

それでもついに義経一行は奥州・平泉にたどり着く。

「よう、よう戻られた、御曹司（義経）」

秀衡は義経を喜々として迎えたが、秀衡が死去すると藤原氏内部の相克が噴出、義経は秀衡の子・泰衡に急襲され、高館《たかだち》にて憤死する。

平泉の義経最期の地・高館の丘（衣川館跡）には義経を祀った義経堂、そして芭蕉が詠った「夏草や兵どもが夢の跡」の句碑が立つ。

眼下の北上川の流れと広大な奥州の地を眺めつつ義経に想いを馳せる地である。なんとも物悲しい。誰しも「判官贔屓」に陥るところか。

京から奥州平泉へ、そして鎌倉・京を経て中国、

高館の丘から北上川が流れる奥州の広野を望む。右手の束稲山を越え、義経は北の蝦夷へ逃れたと伝えられる〈岩手県平泉町〉

四国から壇ノ浦へ、そして京。さらに鎌倉、京、北陸路を経て平泉へ。

義経の踏破した道の長さは驚嘆に値する。栄光も、哀しみの路も厭わず、ひたすら前へ前へと進んだ義経の生涯であった。その姿が多くの人々の共感を呼んだ。

それが、「義経は平泉で死なず」、蝦夷を経て大陸へ渡ったというまことしやかなジンギスカン伝説が生じた所以《ゆえん》であろう。

信州関連の哀しい余話として。

大町市美麻に「静の桜」と呼ばれるイヌザクラの古木が毎年咲き誇る。義経を慕って奥州へ道を急いだ義経の愛妾・静御前は、このあたりの地名の「大塩《おおしお》」と「奥州」を聞きまちがい、山深い信州に迷いこみ、落命したという。

曽我十郎祐成・五郎時致兄弟

みごと仇討ち本懐を遂ぐも…

そが・じゅうろうすけなり（一一七二〜一一九三）
そが・ごろうときむね（一一七四〜一一九三）
鎌倉時代の武士。建久四（一一九三）年、将軍頼朝が催した富士の大巻狩の際、兄弟で父の仇・工藤祐経《すけつね》を討ち果たす。しかし、十郎祐成は乱闘の中で討死、五郎時致は捕縛《ほばく》され翌日斬首。長き苦難の末に本懐を遂げた仇討ち話は美談として死後、物語や歌舞伎などの題材となり、日本三大仇討ちの一つと称された。享年兄二十二、弟二十。

長野市善光寺の本堂までの長い中央通りの参道を上っていくと、国道四〇六号線と交差する大門に至る。

ここを本堂へ向かう参道をひとまず逸れて東へ。国道を二〇〇メートルほど行くと、そこに虎小路という路地が南北に走っている。武井神社のすぐ西の通りで、その路地の一角に「虎が塚」という石塚がひっそりと鎮座しているのを見つけることができる。かつてここに立っていた古い石柱には「建久四年」と刻まれていたという。あの曽我兄弟が仇討ちの本懐を遂げた年である。

曽我兄弟が仇討ちを成し遂げ、二人死してしばらくした頃、一人の若き尼僧がこのあたりに庵を営み、兄弟の菩提を弔って住んだというのである。

尼僧とは誰あろう、兄・祐成の愛妾・虎御前その人であった。その庵の名残として「虎が石」がここに祀られたという。

曽我兄弟の仇討事件が勃発した富士の裾野の大

虎が塚〈長野市長野岩石町〉

巻狩は、頼朝が鎌倉幕府を開いた翌年、その武威を天下に示さんと催した一大行事で、御家人のほとんどが参集した。

　壮大に催された巻狩の最終日の建久四（一一九三）年五月二十八日夜陰、事件は激しい豪雨の中で勃発した。

　兄弟は仇とねらう御家人・工藤祐経の宿所を急襲、乱闘の末、その首級を挙げた。しかし、警固の武士との乱闘で兄は十人ほどを斬り伏せたが仁田忠常に討たれ、弟は背後から組みつかれ捕縛された。

　翌日、五郎の詮議が頼朝の前で行われ、五郎は即座に斬首刑となった。

事件の発端

　後に兄弟の関係者として大磯に住む虎御前も調べを受けた。

「十郎祐成が妾・大磯の遊女（虎と号す）これを召し出さるるといえども、咎《とが》無きの間、これを放ち遣わさる」

　さらに虎御前については、

「亡夫（祐成）の三十七日の忌辰《きしん》を迎へ、筥根《はこね》山別當行實坊《ぎょうじつぼう》に於て佛事を修す。和字の諷誦文《ふじゅもん》を捧げ、葦毛馬一疋を引き、唱導の施物《せもつ》等と爲す。件の馬は、祐成最後に虎に与える所也。則ち今日出家を遂げ、信濃國善光寺へ赴く。時に年十九歳也」

虎御前が相模から所持してきたといわれる虚空蔵菩薩像を祀る虚空蔵堂〈上田市常磐城〉

と、『吾妻鏡』に記されている。

そもそも曽我兄弟の仇討とはいかなる事件だったのか。話は十八年前にさかのぼる。

発端は所領争いだった。伊豆の武士、工藤祐経の所領地を叔父の伊東祐親が奪い取ったという事件が起こった。当時祐経は都で平氏に出仕していた。祐経は祐親の不法を何度か訴えたのだが老獪《ろうかい》な祐親の政治力によって訴訟は敗れてしまった。

憤懣《ふんまん》やるかたない祐経は、

「にっくき祐親め、この怨みをいかにして晴らさん！」

と、ひそかに伊豆の郎党に指図して祐親の暗殺を命じた。

ところが郎党たちが狙って放った暗殺の矢は祐親でなく、祐親の嫡男・祐泰(祐重)に命中、射殺してしまった。この祐泰こそ、曽我兄弟の父なのである。

この時十郎五歳、五郎三歳。母は後に相模の武士・曽我祐信と再婚、祐信が養父となり二人の姓は曽我となった。しかし、兄弟は心を一にして、仇・工藤祐経を討つ機会をひたすら探る苦難の道に執念を燃やし、ついにはその本懐を遂げるのである。

この間およそ二十年、名月の夜空に舞う雁の列を仰ぎ、亡き父をしのぶ幼き頃の話や、箱根権現社の参拝に来た祐経を討てず悔しく泣き耐える話などが、軍記物『曽我物語』となって世の涙を誘った。物語の作成と伝播には、事件後尼僧となって

虎御前の墓〈須坂市八幡〉

全国を行脚《あんぎゃ》した虎御前が深く関わったといわれ、そのゆかりの地や伝説が全国各地に残っている。

信州においても虎御前ゆかりの地は善光寺だけではない。上田市常磐城には、虎御前が相模から背負ってきたという虚空蔵菩薩《こくうぞうぼさつ》を祀る「虚空蔵堂」が上田平を一望できる高台に立っている。

また、長野市東隣の須坂市には、虎御前の墓が井上と八幡地区に鎮座、特に八幡地区の墓塔は高さ一・五メートル《メートル》と巨大で、毎年四月には虎御前を慰霊する「卯の花祭り」が催されているほどである。

さらに曽我兄弟の墓となれば全国に十数ヶ所というのだからその人気の大きさを物語る。小田原市・城前寺には兄弟と母、養父の墓塔が並ぶ。兄弟の叔父・宇佐美禅師は二人の首級を富士の現地から携えこの地に庵を結び、菩提を弔ったのが寺の開基と伝えられている。なお、討ち入りの日は暗夜にて二人は傘を燃やして松明《たいまつ》としたという伝承から、仇討ちの日の五月二十八日は毎年兄弟の

霊を慰める「傘焼き祭り」が催されるという。

「五郎、よう顔を兄に見せい」

雨はしきりに強く降り、松やにをぬりこめた松明に傘はジリジリと音をたてている。

「よいか、今生の別れじゃ、たとえわしが討たれようと構うでないぞ、必ず祐経を討て」

「わかっておりまする、兄者。今まで…」

（お世話になり…）という言葉は涙でつまった。

「もうよい、もうよい五郎」

こんな哀しい兄弟の会話があったのだろうか。

曽我兄弟供養塔。右端が虎御前の墓塔〈神奈川県箱根町〉

兄弟の墓所を二ヶ所紹介したい。

まず、箱根山精進池近くの高さ二・五メートルという巨大な五輪塔墓。上の写真の左二つが兄弟の、右端の小さめなのが虎御前という。永仁三（一二九五）年建造の銘があり、重要文化財に指定されている。

その二。

私にもっとも兄弟への情感を漂わせてくれる墓所。それは十郎が討たれ、落命した地に立てられたという富士の裾野に広がる森の中にある。まっすぐで緩やかな登りの参道を一〇〇メートルほど進むと墓前に至る。静寂の杉木立に囲繞《いにょう》され、兄弟二人を思慕する荘厳な霊地である。周囲はすべて杉木

仇討事件の現場といわれる地に祀られた兄弟の墓所〈静岡県富士宮市〉

立、兄弟のみの墓所である。

闇の背景

曽我兄弟の仇討事件は単なる美談でなく、政治的陰謀未遂事件だったのではという説もある。というのは『吾妻鏡』には事件の最中のこととして、「五郎は御前を差して奔参す。将軍（頼朝）御劔を取り、之に向はせしめ給はんと欲す」と記されており、五郎は祐経を討ち果たした後に頼朝をも討とうとし、頼朝も太刀を持って戦おうとしたというのである。

作家の永井路子氏は「いくら闇夜とはいえこれだけ多くの武士を兄弟二人で倒せるだろうか。これは兄弟のみの仕業《しわざ》ではなくもっと大がかりな騒乱だったのではないか」「鎌倉体制に不満を持つ連中の計画した武装蜂起未遂事件ではないだろうか」などと述べている。

また、事件の後始末があまりに急だったことの不自然さや、事件にまったく関与していない出家していた兄弟の腹違いの弟までもが処断されていることなどが、事件の暗い闇を感じさせる。

だが曽我兄弟の仇討ちは、「日本史三大仇討事件」の美談として後世に伝えられた。

五郎は事件翌日、討たれた工藤祐経の子・犬房丸の手によって斬首された。

「おぬしは果報者よ、かくも早く仇の首を討てるのじゃから。わしらは二十年もかかった…」と、五郎はやるせない言葉を残したという。

二人の遺体が荼毘《だび》に伏されたという現在の富士市鷹岡の地近くの福泉寺（曽我寺）に、兄弟の墓塔が立てられている。境内に立つ仇討ちに乗り込む松明を掲げた兄弟の勇姿像は見応えがある。また、亡き父を慕う幼い兄弟像が立てられている玉渡神社もこの近くにある。

さて、仇として討たれ、「悪役」を一身に負う工藤祐経について触れておきたい。

福泉寺（曽我寺）の兄弟像〈静岡県富士市〉

所領争いは親子兄弟の間にあっても当時の武士の常である。この事件においては、もともと兄弟の祖父が起こした事件が発端であり、祐経＝悪役のイメージはいささか酷ともいえる。しかも祐経は「工藤一臈《いちろう》」と称されるほどの当代一流の鼓《つづみ》の達人だったというではないか。あの静御前が頼朝の前で舞った際にも、鼓を打ったのは祐経だったという。祐経は富士の白糸の滝近くに墓所が設けられている。

余話一。

曽我兄弟を扱った古典芸能は特に「曽我物」と呼ばれているとのこと。能の「元服曽我」「小袖曽我」、幸若舞の「十番斬り」、浄瑠璃の「夜討曽我」、近松門左衛門の「世継曽我」、江戸歌舞伎の「曽我十番斬」などが代表作という。

余話二。

陰暦五月二十八日の十郎の命日に降る雨は、悲しみの虎御前の涙雨と例えられ、「虎が雨」が俳句の季語となっている。数多《あまた》ある虎が雨を季語として詠んだ切ない句のなかから数句を拾った。

しんみりと虎が雨夜の咄しかな　路通
女郎花つんと立ったり虎が雨　一茶
十郎の血滲む頬に虎が雨　泰

平景清

平家再興を、頼朝の討滅を！

たいらのかげきよ（?～一一九六?）

源平時代の平家方の武将。平景清または藤原七兵衛景清、悪七兵衛景清とも。その抜きん出た剛勇さから「悪」が付されたという。源氏との合戦で平氏方の将として従軍、壇ノ浦の戦いで平氏が滅び、敗将となる。以後諸国を流浪、一途に平氏の再興、頼朝暗殺を策したといわれ、各地に景清伝説を残す。それらをもとに「景清物」と呼ばれる歌舞伎・浄瑠璃などの演目が創作されたという。建久七（一一九六）年頃、鎌倉で捕縛《ほばく》され牢死したといわれる。

上田市丸子の古刹・宝蔵寺は樹齢八百年の巨木「義仲出陣お手植えの枝垂れ桜」でよく知られる。別名岩谷堂観音。急勾配の参道を息を切らして登ると、朱塗りの観音堂に至りほっとする。まるで境内全体が崖にしがみついたようである。遠くに浅間山を望むなど眺望はきわめてよい。巨木の義仲桜もまた急崖に巨根を広く張り雄々しくそびえたっている。

平家滅亡後、各地を流浪した景清はこの宝蔵寺にも足を留めたという。さらにその後、景清を慕って追って来た寵姫《ちょうき》・楓の前もまた、ここを訪れたと伝えられている。しかし、楓の前がたどり着いた時、景清はすでに鎌倉に旅立った後だった。その後景清が鎌倉で捕縛され、命を絶ったと知った傷心の楓の前は、以来この寺に留まり、平家一門と景清の菩提を弔うことに生涯を捧げたという。

境内に楓の前が暮らした庵が復元されている。寺には景清自筆の観音経の一節をしたためた幟旗《のぼりばた》

宝蔵寺から丸子市街地、浅間山方面を望む〈上田市御嶽堂〉

が残されているという。

「高さ二メートルほどのものです。また景清公が身につけていた守り本尊の髻《たぶさ》千手観音像も寺宝にしています」と住職はいう。

景清の父は藤原忠清といい、古くより平氏に臣従していた武士で、景清も若き頃から父とともに平氏に従軍、しだいに勇猛ぶりを示す武将として頭角を現した。

参道下から宝蔵寺山門を仰ぐ。左手の巨木が義仲桜〈上田市御嶽堂〉

景清錣引きの地。現在は海岸からかなりの内陸部となっている〈香川県高松市〉

『平家物語』での景清の初見は、治承五（一一八一）年の墨俣川の合戦において、総大将平知盛麾下《きか》の侍大将の一人としてその名が記されている。

景清の猛者ぶりは讃岐・屋島の合戦において源氏方の武将・美尾屋十郎との間で繰り広げられた格闘でよく知られる。逃げようとする十郎の兜の錣《しころ》を景清は素手で引きちぎるという離れ業をやってのけ、その怪力に敵味方とも舌を巻いた。『平家物語』では「景清の錣引き」としてその武勇伝の一章が設けられ、また屋島の古戦場には、なんと「景清錣引きの地はここ！」とその地が設定されているほどである。

景清の伝説は全国各地に広く点在、そのほとんどが平家滅亡後の流浪した中での伝説である。茨城県の景清塚、三重県の景清屋敷、京都の景清爪形観音、遠く九州・宮崎市の景清廟などなど…。

壇ノ浦の敗戦で敗死せず、諸国を流浪したという景清伝承は哀愁を帯び、愁眉を開くことはない。

大城神社の横を抜ける細い景清道〈滋賀県東近江市〉

どこまでが真実で、どこまでが物語なのか。景清は常に平家再興を願い、頼朝の暗殺を企てたという。

　奈良東大寺の国宝・転害門の別名は景清門という(口絵参照)。頼朝の東大寺参詣の折、景清はこの門に隠れ、暗殺を企てたが警固の武士に見つかり失敗したという。

　また、景清は目を患っていたといい、その辛苦も悲劇を呼んだ。一説によれば、「源氏繁栄の世など、この目で見たくもない」と自らの両眼をつぶしたともいわれる。

熱田神宮近くに祀られる景清社〈名古屋市熱田区〉

　平氏再興の執念はついに実らなかったとはいえ、その生きざまが後世の人々の同情を誘ったのである。歌舞伎の名作「出世景清」のもとは近松門左衛門作の人形浄瑠璃で、平家滅亡後も虎視眈々《こしたんたん》と頼朝を滅ぼそうと狙うものの、なかなか果たせない景清の苦悩を描き、おおいに人気を得たという。

　景清愛刀の「あざ丸」が奉納されている広大な敷地の名古屋・熱田神宮。この名刀は最後に秀吉の手に渡り、ここに寄進された。

　広大な神宮のすぐ南に、景清社(名古屋市熱田区)が鎮座している。社伝によればこの地は流浪した景清が知人を頼って隠れ住んだ場所といい、景清の眼疾伝説の由来からか眼病に霊験がある神社として今も崇拝されているという。

　また、景清はこの地から平氏再興祈願のため、また自らの眼病平癒を願って京の清水寺の薬師如来へしばしば参詣に赴いたという。その景清が歩を運んだという道筋が今も「景清道」として街道筋に残っている。その多くは水田畦の小径《こみち》や、人里離れた屈曲している狭い山道である。

　滋賀県東近江市の大城神社脇を南北に走る景清道を歩いてみた。幅二メートルほどの細い道で、各所に「景清道」という案内が示されていた。景清道

景清道の景清橋〈滋賀県近江八幡市〉

をのんびり歩くツアーも楽しいかなと感じた。

　だが実際にはこの道は、なんらかの「わけあり」で公道の関所を通れなかった人々のひそかな京へ通ずる「抜け道・間道」だったともいう。よって「陰の京道」と呼ばれていたが、しだいに言葉が詰まって、「かげきょう→かげきよ」と変化したのではないかともいわれる。

最期の抵抗とは

　景清は頼朝暗殺に失敗してついに鎌倉で捕縛され、化粧坂《けわいざか》の土牢に閉じ込められた。扇ケ谷《おうぎがやつ》から源氏山に抜ける山道が難所の化粧坂切り通しである。

　後世、鎌倉を攻め滅ぼした新田義貞はあまりの急坂なのでここから市街への侵攻をあきらめ、迂回してあの剣を投じた名高い稲村ヶ崎を目指したという。

　その狭い坂道に入る道沿いに「景清牢」を見つけた。周囲は住宅街で、道筋から一段高い崖の面にあったが、もはや牢の体はなく小さな岩窟に化していた。中に「水鑑景清大居士」と刻まれた碑が埋め込まれるように立てられていた。

　捕えられた景清は当初和田義盛に預けられ、の

ちに八田知家に代わった。景清を尊敬していた知家はきわめて丁寧に景清を迎えもてなしたという。

ところが景清は、父も兄も源氏に討たれたというのに厚遇されている今の身を深く後悔して化粧坂の土牢に籠り、ひたすら読経する日々を送るようになったという。

八田家からの食事には一切手を付けず、痩身となりついに命尽き果てる。化粧坂の入り口の「景清土牢」「水鑑景清」「景清窟」などと呼ばれる洞窟が景清最期の地といわれている。

化粧坂の上り口近くの景清牢・景清墓〈神奈川県鎌倉市〉

際立った武勇伝が少なく、哀しい物語や伝承の多い景清は、まさに『平家物語』の後編として世に流布したのである。

後世、あの芭蕉は悲哀に満ちた景清伝説を意識してか、こんなユーモラスな句を残している。

景清も花見の座には七兵衛

恐ろしく強い剛勇の景清も、花見の時はあまりに楽し気で、きっと「悪」の字は微塵も感じさせなかったに違いない、というのである。

ちなみに古典芸能において、景清が登場する作品は一括して「景清物」と呼ばれているとのこと。能・謡曲の「景清」、幸若舞の「景清」、浄瑠璃の「出世景清」（近松門左衛門作）、歌舞伎の「出世景清」「壇浦兜軍記」などがその作品にあたるという。

仁科盛遠

後鳥羽上皇に心服、承久の乱を戦う

にしな・もりとお(?~一二二一?)
鎌倉時代中期、信濃・北安曇一帯に勢力を張った武将。鎌倉幕府の御家人。承久元(一二一九)年、熊野権現を参詣した折、後鳥羽上皇の知遇を得て西面の武士(西面衆)として仕える。しかし、幕府の許しを得なかったことで咎めを受け所領を没収される。これに上皇が抗議したことなどから二年後、承久の乱が勃発。盛遠は上皇軍として北陸道へ進発、越中の砺波山《となみやま》・倶利伽羅峠《くりからとうげ》で幕府軍と戦い敗死したという。

承久の乱は、日本史上大きな意義を持つ事件である。十二世紀末に成立した初の武家政権(鎌倉幕府)に対して、「もう一度、院・公家政権の復活・奪還を」と、後鳥羽上皇を中心とした公家勢力が幕府打倒をはかり挙兵した。

しかし、およそ一ヶ月間に及んだ戦いは鎌倉方の圧勝に終わり、乱後、後鳥羽上皇は隠岐島へ、順徳《じゅんとく》上皇は佐渡島へ配流、仲恭《ちょうきょう》天皇は廃位された。以後、鎌倉幕府・武家政権は朝廷・公家方を政治的に圧倒、皇位継承などにも介入、かくして武家の政権は建武の一時期を除いて明治時代まで続くのである。

承久の乱が勃発すると、盛遠は上皇方の数千騎の将兵とともに北陸道へ進軍、砺波山・倶利伽羅峠において幕府軍と衝突した。しかし戦い利あらず、北条朝時《ともとき》(北条義時次男)率いる幕府方の大軍に大敗、盛遠は戦死、または敗走したとも伝えられる。

なお、地元の古書などによれば、地元の石黒一族はじめ、一帯の豪族の多くは上皇方に味方、盛

「源平倶利伽羅合戦本陣」と刻まれるのみの碑〈富山県小矢部市〉

遠らと軍議を催し、黒坂口と志保山口で鎌倉軍を迎えうったという。とすれば、現在の倶利伽羅峠の古戦場より北の、国道八号線一帯が戦場だったのかもしれない。しかし、あまりの多勢に無勢、盛遠をはじめ、上皇方の糟屋氏は戦死、石黒氏は降伏したという。

過日、砺波山一帯を訪ね、承久の乱における合戦の痕跡が何か残っていないか探した。しかし、何もない。富山県小矢部市教育委員会へ直接うかがって尋ねたが、「うーん、何もないですね」という返事だった。

あの火牛の計によるという義仲大勝利の倶利伽羅峠・砺波山合戦に関する史跡や逸話のみが伝えられているという。なんとも……。

承久の乱の合戦における幕府軍の勢いはすさまじく、三軍に分かれて鎌倉から進撃を開始した。北条泰時率いる主力軍は東海道を、北条朝時

盛遠が熊野から勧請した若一王子神社〈大町市大町〉

率いる軍は碓氷峠から信濃路に入り北陸道へ、また武田信光率いる東山道軍は、甲斐から進撃。全十九万騎の大軍には、多くの信濃の御家人も従軍したろう。

上皇方の敗因の一つは、状況認識をあまりに楽観していたことにあるという。

「義時(鎌倉方)が為に命を捨つるもの、東国に如何程ありなん」(『承久記』)と、上皇は、朝敵となってまで鎌倉方に参ずる武士など、東国にはほとんどいないと侮《あなど》っていたというのである。しかし、事態はまったく逆、その多くは幕府方に参じた。

上皇か、幕府か

では、信濃安曇の名族・仁科盛遠は、幕府方でなく、なぜ上皇方に参軍することになったのか。それは乱の起こる二年前のこと。盛遠が二人の子をともなって熊野権現の参詣に赴いた折、道中でたまたま後鳥羽上皇と対面する機会を得たのがきっかけであった。

上皇は盛遠の二人の子をいたく気に入り、「院の警護の武士集団・西面の武士(西面衆)として登用したい」という。この言葉に畏服《いふく》した盛遠は、自らも西面の武士に列することにしたのである。

ところが、これを知った執権・北条義時は激怒した。

「幕府の御家人にもかかわらず、院に仕えるとは許せん!」

義時はただちに盛遠の所領五百余町を没収した。これに対して上皇もまた憤慨。

「盛遠この由を院へ申しければ、義時に院宣《いんぜん》を下さる」

べき由、義時に(院は)還し付く

と、直接の命令書・院宣まで発して鎌倉に所領の返還を迫った。

この対立を直接のきっかけとして承久の乱は勃発したともいわれている。

『吾妻鏡』には、「承久三年五月十五日、是より先、北条義時、後鳥羽上皇の仁科盛遠所領を奪ふ等、上皇の意に逆ふ所あり。是日上皇兵を遣はして京都守護伊賀光季を誅し、五畿七道に令して義時を追討せしむ」と、記されている。

盛遠は難しい立場に立たされた。

「自らは幕府の御家人なれど、朝廷・院は幕府より権威は上なのではないのか。幕府は対等なのか…」

盛遠のみならず、戸惑う御家人は多かったに違いない。

鎌倉では頼朝の妻で尼将軍と呼ばれた北条政子が、迷いためらう御家人らに対し、上皇や天皇の権威よりも、武士のための鎌倉幕府を開闢《かいびゃく》した亡き頼朝の恩の重厚をとくとくと訴えたという有名な逸話が伝えられる。この政子の演説を聴いた御家人らは迷いを払拭して、勇躍幕府軍として挙兵して西上した。

仁科一族の祖は、奥州の安倍氏ともいわれ、木崎湖畔の仁科神社の北には安倍神社が祀られている。また桓武平氏の平繁盛が祖ともいわれる。木曽義仲の挙兵に仁科氏は一族として随従してお

有明山は安曇富士または信濃富士と呼ばれる〈安曇野市〉

り、平安時代後期には安曇一帯に勢力を持っていた氏族であったことをうかがわせる。盛遠の詳細な人物像などは不明だが、熊野権現への信仰心が深く、尊王の心持ちが強かったとも考えられる。

北安曇の中心地・大町市街の古社である若一《にゃくいち》王子《おうじ》神社は、国の重要文化財に指定されている本殿の他、観音堂、また江戸時代に建立された三重塔が境内に立ち並ぶ。

この神社は、盛遠がわざわざ熊野権現・那智大社の若一王子社から勧請したという由緒ある神社として今にその伝統を残している。毎年七月に催される流鏑馬《やぶさめ》は、承久の乱で上皇方が出陣する際、盛遠が神前で流鏑馬を奉納したことに由来しているという。

後鳥羽上皇が忠節を尽くす盛遠に与えたという和歌が伝えられている。

片しきの衣手寒くしぐれつつ有明山にかかる白雲

仁科神社の盛遠髻塚〈大町市平〉

歌人としても名高い上皇は、おそらく盛遠がしばしば語るふるさと・安曇の美しい情景に思いを巡らせたのであろう。まるで上皇自らが安曇の地にて、信濃富士、安曇富士とも呼ばれる有明山を仰ぎ見て詠んだごとくの和歌である。恐懼感激《きょうくかんげき》して畏まる盛遠の姿が目に浮かぶ。

盛遠の死ははっきりしない。砺波山で敗死せず、都に戻り再び出陣、近江・瀬田の戦いにて戦死したともいう。

盛遠の髻塚《もとどりづか》が故郷の地に立てられている。どのような経緯でここにもたらされ、髻塚となったのかは一切不明である。塚は静寂な木崎湖畔の仁科神社の一角に、周囲を石柱に囲まれひっそりとたたずんでいる。

この神社の境内は戦国時代の武将・仁科氏の居城・森城であった。うっそうとした森に包まれた森城跡が湖面に映る姿もまた美しい。

香坂高宗

宗良親王を支え続けた生涯

こうさか・たかむね（?〜一四〇七?）
鎌倉時代末期〜南北朝時代、南信濃の天竜川東岸一帯を支配していた武将。高坂とも書く。北朝方（足利方）と対立抗争して信濃に下向した後醍醐天皇の皇子・宗良《むねよし》親王（信濃宮）を居城の大河原城（大鹿村）に迎え、三十年近く庇護して南朝・宮方を支援した。

南信濃の伊那谷・松川の街から県道五九号線を東へ、南アルプス方面へ向かう。天竜川を越え小渋川の谷沿いに三〇㌔ほど車を走らせると、南北に走る旧秋葉街道に入る。

そこからさらに南へ。しばらく行くと視界が大きく広がり、何か別天地へ来た感じを受ける。そしてあの大鹿歌舞伎で有名な大鹿村の里に。

今から六百年前、南北朝の抗争で、北朝方に押され劣勢だった宗良親王は、この大河原（現大鹿村）の地に至った時、おそらく私以上に「別世界」の感激を得て、天然の要害ともいうべきこの地に安堵感と期待を寄せたのではあるまいか。

「親王様、ようこそ、よう参られました」

南朝方に心を寄せる地元の豪族・香坂高宗は自らの居城である大河原城に親王を迎えた。以来、親王は生涯のほとんどをこの地で過ごし、南朝勢力の挽回・拡大に身を粉にしていく。その一番の支援者が高宗だった。

とはいえ、当時の南朝方を取り巻く状況は厳しかった。親王が信濃へ下向したのは興国五（北朝暦康永三・一三四四）年、その五年前には南朝方（宮方）の有力武将・北畠顕家及び新田義貞が戦死、

高さ４メートル近い巨大な「忠臣香坂高宗」の碑。明泉寺から観音堂へ登る山道の脇に立つ〈佐久市香坂〉

大河原城跡〈大鹿村大河原〉

四年前には後醍醐天皇が崩御しており、南朝方の劣勢は否めなかった。

信州には香坂氏の他、諏訪・滋野・海野氏など南朝を支持する豪族が多かったとはいえ、北朝方（武家方・足利方）の勢力もまた根強く、信濃府中（松本）の小笠原長基《ながもと》はその中心的存在だった。

高宗の出自は定かではない。香坂氏はもともと北信濃・東信濃で勢力を持った豪族といわれる。延元元（北朝暦建武三・一三三六）年には南朝方として香坂心覚（高宗の叔父ともいう）が挙兵するも敗北、伊那谷に流れてきたともいわれる。

佐久市東部にそびえる閼伽流山《あかるやま》の南麓一帯、香坂川流域に香坂という地が広がる。東へ数キロの山並みは上野国《こうずけのくに》と境を接する。高宗はこの香坂の出身で、この地で宗良親王を奉じて挙兵したとも伝えられる。

地元の明泉寺は平安時代初期、円仁大師が開基したという古刹である。絶壁に近い閼伽流山を背にする境内から数百メートル登ったあたりに「南朝忠臣香坂高宗」と大書された高さ四メートル近い巨大な石碑が林間にそそりたっている。

この地で高宗が親王を奉じて挙兵したといういわれを受け、明治時代に大迫尚道陸軍大将（鹿児島県出身）が揮毫《きごう》して碑を建立したという。

閼伽流山には城郭のような石組みも残ってお

宗良親王を祀る信濃宮神社〈大鹿村大河原〉

り、高宗が挙兵の際に築いたともいわれる。
しかし挙兵は首尾よくいかなかったため、高宗は親王とともに南信濃の大河原の地へ、その居を移したのかもしれない。
高宗は大河原城の近くに親王の居館を建立した。現在「御所平」という地名が残るあたりという。小渋川を上流に数キロ行った地で今もかなりの山間である。親王を祀った信濃宮神社はさらに奥の地、うっそうたる林間に鎮座している。大河原の地に拠った親王を庇護しつつ高宗は、ここを拠点に南朝勢力の拡大に尽力した。

正平七(北朝暦文和元・一三五二)年、親王は越後・信濃などの南朝支持勢力を結集し、関東へ出陣、足利尊氏軍と戦った(武蔵野合戦)。一時は鎌倉を占拠するほどだったが、小手指ヶ原《こてさしがはら》などの戦いで敗れ、信濃へ撤退してきている。
そして雌伏すること三年、「なんとしても南朝勢力を回復せねば」と、すべてを賭して挑んだのが桔梗ヶ原の合戦だった。

乾坤一擲、桔梗ヶ原の合戦

宗良親王方はもう負けるわけにはいかない。府中(松本)へ攻め込み、小笠原長基と桔梗ヶ原で相対した。親王方には香坂高宗の他、諏訪氏・仁科氏らが参陣結集、敵の主力は府中(松本)の信濃守護・小笠原長基、地元の坂西、平瀬氏らが従った。

住宅街にて見つけにくい「桔梗ヶ原古戦場」の碑〈塩尻市広丘高出〉

戦場の桔梗ヶ原とは、現在の塩尻市街地一帯で、広丘高出の一角に、「桔梗ヶ原古戦場」碑が立てられている。ちなみに武田信玄と小笠原長時が戦った同名の桔梗ヶ原の合戦碑は、旧塩尻駅跡近くに立っている。

また、親王はこの時、諏訪湖北岸の東堀正八幡宮(岡谷市長地)付近に本陣を構えたと伝えられ、境内には四本の御柱《おんばしら》に囲繞《いにょう》された「宗良親王御旧蹟地」の碑が立っている。

残念ながら合戦の陣形や動き、兵力数など詳しいことはわかっていない。だがその激しさは京都にも伝えられ、公家・洞院公賢《とういんきんかた》の日記『園太暦《えんたいりやく》』に、合戦で信濃国は大騒動となり信濃からの天皇へ馬を献上する催しが中止されたことなどが記されている。

合戦は親王方の完敗だった。親王は肩を落として大河原の地に撤退した。以後、宮方の劣勢は否めなく、勢力は大きく低下する。だが香坂高宗ら地元の人々は、その後も親王の退勢挽回に尽力した。相次ぐ合戦の敗北を嘆き、親王は当時の心境を自らの和歌集『梨花集』の中にこう記している。「信濃国大河原といふ深山に籠もりて、年月をのみ侍りしに、さらにいつと待つべき期もなければ、香坂高宗などが朝夕の霜雪を払ふ忠節も…」。

親王及び高宗の辛苦の心情が哀しく響く一節である。

桔梗ヶ原の敗戦は南朝支持勢力の戦意を大きく喪失させた。しかし高宗はあきらめずに親王を地道に支え、勢力の回復に奮闘を続けた。

一時、親王と高宗の勢力回復活動を嫌った北朝方の関東管領・上杉朝房は攻勢に出て大河原の地まで攻め込んできたことがあった。高宗は地侍らと結束し、大河原の天然の要害を盾として持久戦に持ち込み、数ヶ月戦いは続いた。結局上杉勢は兵糧の欠乏、寒気に襲われ撤退、高宗はよく親王を守り抜いたのである。

大河原の地へ入るルートの一つに、小渋川沿いに東へ向かう道筋が走っている。この小渋川が伊那谷へ抜ける中川村の段丘上に、高宗が築城した大草城があった。大河原の地を守る出城として築かれ、今も土塁、土居などが残り城跡は桜の名所となっている。なお宗良親王は別名「大草宮」ともいう。天竜川が流れる伊那谷を一望するこの城に、親王も何度か足を運んだのであろう。

その後も親王は吉野と大河原の間を行き来して義兵を募ったが、南朝方の劣勢は否めなかった。そして、弘和二(北朝暦永徳二・一三八二)年頃、ついに親王薨去《こうきょ》。親王の墓所は大河原の北、現在の伊那市の旧長谷村に築かれたともいわれるが定かではない。

親王死して十年後、南北朝は北朝を中心に合体される。高宗はさらにその十四年後の応永十四(一四〇七)年に死去したという。

親王死後二十年余、その間高宗はどうしていた

高宗の墓所〈大鹿村大河原〉

のだろうか、その動向はまったくわからない。

こんな推測ができる。

宗良親王には、尹良《ゆきよし》親王という一子がいた。父の薨去当時十八歳。尹良親王は南北朝合体後も北朝を認めず、関東・甲信越で兵を募り、父の遺志を継いで戦った。

一説には尹良親王の母は高宗の娘という。高宗は孫となる尹良親王とともに最後まで行動をともにしていたのではなかろうか。

尹良親王は応永三十一(一四二四)年、浪合の合戦で戦死、墓所は大河原から南西へ八〇キロほどの阿智村浪合にあり、浪合神社が造営され祭神として祀られている。

高宗は大河原の地に眠っている。宗良親王は高宗にちなんで幸坂(香坂)宮とも呼ばれたという。高宗の純な勤王の精神は人々の胸を打った。

大正天皇は大正四(一九一五)年の即位大典の日、香坂高宗に対して特旨をもって従四位を贈っている。

第二章　戦国の世

諏訪頼重

鋭気渙発の若大将に何が？

すわ・よりしげ（一五一六？〜一五四二）
戦国時代、諏訪一帯を支配した武将。上原城（茅野市）を居城とした諏訪氏十九代当主。妻室は武田信虎（信玄父）の娘。諏訪大社の神職・大祝《おおほうり》も兼ねていた。信虎と呼応して上田・佐久方面に支配地拡大をはかる。しかし信玄が当主となった直後の天文十一（一五四二）年、信玄と伊那の高遠頼継に急襲・挟撃され降伏、甲府にて自刃《じじん》。享年二十七。

若くして散った頼重の生涯を悼み、諏訪市四賀の頼重院《らいじゅういん》を訪れた者はみな、頼重の墓を支える巨岩を見て絶句するに違いない。斜め・左右・垂直に巨岩が大きく断裂しているのだ。まるで頼重無念の断末魔の叫びが裂いたごとく。

諏訪出身の作家・新田次郎氏もここに立ちつくし、息を飲んだのか、こう詠んだ。

陽炎や頼重の無念ゆらゆらと

巨岩の傍らに氏の句碑が立つ。

頼重は天文十一（一五四二）年七月、甲府・東光寺において自刃した。家臣が遺髪を持ち帰り上原城の近くに埋め、その地に頼重の菩提寺として頼重院が建てられた。

頼重が諏訪家の家督を継いだのは天文八（一五三九）年、二十四歳の時である。その数年前から甲斐の国守で信玄の父・信虎と呼応して東信濃の上田・佐久方面へ支配拡大のため出陣するなど、諏訪大社の神職でありながら意欲的な戦国大名でもあった。

頼重が信虎の三女・禰々《ねね》姫（信玄妹）を娶《めと》ったの

頼重院の割石。頼重の怨念が砕いたと伝えられる。右上に頼重の墓塔〈諏訪市四賀神戸〉

は当主の座に就いた翌年で、武田・諏訪両家はさらに結束を強めた。

天文十（一五四一）年、頼重は武田信虎・村上義清と連合して東信濃において海野棟綱と戦いこれを撃破、上野国《こうずけのくに》に追った。その後海野氏を支援する関東管領・上杉氏が佐久に大挙侵攻してくると、武田・村上は撤退したが、頼重は交戦せず単独で講和して、佐久地方に所領を確保するなど、頼重はなかなかしたたかな戦国大名であった。

だがこの時、武田との親戚関係は微妙なものとなった。時に頼重二十五歳、義弟とはいえ信玄より年は五つ上、諏訪家の当主であり、一軍の将として実戦経験も信玄より数段勝っていたといえよう。

そんな折、突然武田家中の意外な事件が頼重のもとにもたらされた。

天文十（一五四一）年六月のことである。

「なんと、信虎殿が追われたと？」

信玄は父・信虎を駿河に追放して家督を奪取し

「上原城主諏訪頼重公廟所」と刻まれた石標が立つ頼重院〈諏訪市四賀神戸〉

たというのだ。頼重はこれを甲斐侵攻の好機とみたはずである。

　翌年二月、頼重は小笠原長時・村上義清・木曽義昌の信濃勢と呼応、連合して甲斐への侵攻をはかり、現在の富士見町瀬沢の国境近くに出陣した。しかし、信濃勢の動きは察知され、信玄が甲府より出陣して応戦。信濃勢は連携の不手際をつかれ、合戦の決着はつかないまま双方引いたという。

　これが瀬沢の合戦である。富士見町瀬沢の甲信国境に近いなだらかな斜面を国道二〇号線がS字を描いて走る一帯が古戦場で、国道沿いに合戦の碑が立っている。

　かくのごとく信玄が家督を継ぐ前後から、諏訪・武田家の関係は敵対、緊張状態だった。ところがそれから数ヶ月間、頼重は武田の動向を警戒している様子がまったくないのがなんとも解せない。逆に信玄が先に動いた。瀬沢の合戦から数ヶ月

瀬沢古戦場の碑〈富士見町落合瀬沢〉

後の天文十一(一五四二)年七月、突如信玄は諏訪に攻め入ってきたのだ。

「何っ、頼継殿も!」

しかも、伊那高遠城主の高遠頼継と示し合わせてのことだった。長く策を練ってきた侵攻だったというべきか。頼継は頼重と縁戚関係にあったが、かねてから諏訪の神職と領国の奪取を狙っていた。

それを察知した信玄はひそかに頼継に接近、盟

上原城跡〈茅野市ちの上原〉

約を結んで、「頼重挾撃」の手はずを整えていた。

史書『守矢頼真書留』などによれば、頼重はこの間、信玄及び頼継の動きをまったくつかんでいなかったという。あわてた頼重は上原城から数キロ北の桑原城へ移り反撃体制を取ろうとした。

ところがその動きが、味方に「お館様が城から逃亡する！」と勘違いされるなどして、諏訪勢の戦意は一気に喪失したという。城は瞬く間に包囲され、頼重は桑原城で捕らわれの身となり、甲府の東光寺に連行され幽閉された。

それにしても頼重は瀬沢の合戦以後、信玄の動きに注意を払わなかったのは何ゆえなのか、不思議である。

重要文化財の檜皮葺の仏殿が美しい東光寺〈山梨県甲府市〉

みごとな最期なれど…

頼重は甲府へ連行され、東光寺にておよそ二十日間幽閉された。その間、信玄はまったく顔を見せなかった。頼重は死を覚悟した。

切腹するにあたり頼重は、酒と肴《さかな》を望んだところ、そのまま用意されてきた。

「なんと、武田の家は腹を切る作法を知らぬな。肴とは脇差のことよ」

とあざけり笑い、脇差を取り寄せ、腹を十文字に切ってみごと自刃《じじん》したという。

鎌倉以来の切腹の作法を会得していたのである。なかなか肝の据わった若きもののふだった。だからこそ信玄も強く警戒して身内とみなさな

東光寺の頼重墓（右）。すぐ隣に信玄嫡男の義信が眠る〈山梨県甲府市〉

かったというべきか。

頼重の墓は甲府市の東光寺にもある。檜皮葺《ひわだぶき》、入母屋造《いりもやづくり》、禅宗様式の仏殿が美しい東光寺は、武田神社の南東三キロほど、甲斐善光寺の北に位置している。

頼重死して二十二年後には、信玄嫡子の義信がこの寺で幽閉され死去した。無念の死を遂げた二人は墓塔を並べて眠っている。「信玄、恐ろし」の「象徴」か。


早春の日、若き当主・頼重が闊歩《かっぽ》した上原城そして桑原城を訪ねた。桑原城の本丸跡はよく保存されていて、松の巨木が松籟《しょうらい》を奏でていた。眼下に諏訪の市街地そしてキラキラ光る諏訪湖、遠くには白銀の北アルプスという絶景である。

ちなみに頼重と側室・小見の方の間に生まれたのが諏訪御料人で、頼重の死後信玄側室となり、後の武田勝頼を産む。

桑原城本郭から諏訪湖、北アルプスを望む〈諏訪市四賀桑原〉

残念ながら、頼重の評価は低く、「肝の据わったもののふ」などの評は見当たらない。主な評を列挙すると、

『信玄、謙信と信濃』（小林計一郎氏著）では、「凡庸な人」と。

『諏訪物語』（今井野菊氏著）では、「祖父育ちの甘さあり」と。

『信玄と信濃』（南信日日新聞社報道部刊）では、「戦国の世にあるまじき甘さあり」と。

『武田信玄と諏訪』（諏訪史談会刊）では、「慢心して油断があった」と手厳しい。

終始、称賛・絶賛される信玄の評と比べるとあまりに落差があり哀しいほど滑稽である。

板垣信方

信玄を育て上田原に憤死

いたがき・のぶかた（一四八九?〜一五四八）
戦国時代の武将。武田信虎、信玄に仕えた重臣。信形とも書く。信玄の傅役《もりやく》。武田二十四将の筆頭格で、しばしば総指揮を任される。信玄の諏訪郡領国化にともない上原城代・諏訪郡代に任ぜられ、以後信濃侵攻の主動的役割を担う。しかし天文十八（一五四九）年、葛尾城（坂城町）主・村上義清との上田原の合戦で奮死。享年六十か。

甲府市の武田神社はかつての武田家の躑躅ヶ崎《つつじがさき》居館跡が境内を成している。祭神の武田信玄の絶大な人気で神社の参拝客は絶え間がない。

信方の屋敷は神社正面を背にして南にほぼまっすぐ走る通称「武田通り」の右側、館のもっとも近くに位置している。今は「板垣信方屋敷跡」の標柱がひっそり立つのみだが、西隣は内藤修理、南に多田満頼、東に馬場信春屋敷と、音に聞こえた武田家重臣の屋敷が信玄館を守る楯のごとく軒を連ねていたのである。

信方は信玄の父・信虎の代から仕えていた。大永元（一五二一）年、甲斐に侵攻してきた北条軍を撃破した飯田河原・上条河原の合戦での軍功などが認められ、信虎より嫡男信玄（幼名勝千代）の傅役に任ぜられた。

ところがその後、信虎は信玄の弟で次男の信繁《のぶしげ》を偏愛、信玄を疎《うと》んずるようになり、信方は難しい立場に置かれた。

「主君の意向を重んずるか、はたまた傅役の任に徹するか…」

そして天文十（一五四一）年、信虎が突如駿河に追放されるという事件が起こった。父子の確執・対立が甲斐国内を二分する大事件に拡大することを未然に防ぐためだったのか、それとも暴君と噂された信虎を排除するためだったか、クーデターの原因などは定かではない。

信方は同じ重臣・甘利虎泰と入念な計略を立て、信虎を駿河へ休養に行くよう巧妙に促し、抜かりなく事を決行し、事を成就させたともいわれるが…。ともあれ信玄は血を流さずに当主の座を得、弟・信繁と争うこともなかった。

板垣駿河守信方の屋敷跡〈山梨県甲府市〉

事件後、信方は重臣の地位を不動のものにしている。信方は信玄より二十歳ほど年上だったと考えられ、傅役としてまさに父的存在となっていた。

この信方を成敗あれ

信方が体を張って信玄をいましめたこんな逸話が伝えられる。

父・信虎に代わって当主の座に就いた信玄は気が緩んだのか、政務をあまり見ず、詩会や遊興にうつつを抜かすようになった。

それを見た信方は一計を案じた。しばらく病と称して出仕せず、その間詩作を懸命に習い久々に信玄の前に伺候《しこう》、その前で漢詩を披露した。

信玄は信方の詩に驚き激賞した。しかし不思議に思い、あえて五つ題を与えたが、信方は次々とみごとな漢詩を作った。そして二十日ばかりの間、懸命に漢詩を僧侶から学んだことを信玄に伝えた。

上原城諏訪氏館跡。一帯は板垣平とも呼ばれている〈茅野市ちの上原〉

驚き感じ入っている信玄に、信方は顔色一つ変えずこう直言した。

「殿、父君を追放し、武田家当主の座に就いたのは何のためでござるか、この程度のことで遊興にふける体《てい》たらくは父君以上の悪将ですぞ」

「国持ち給う大将は国の仕置き、諸侍を諌め、他国を攻め取りて、父信虎公と対々《たいたい》にて御座候。お怒りならばこの信方を成敗あれ」

さすがの信玄も、信方の正鵠《せいこく》を射た諫言《かんげん》に自らを深く悔い、その後はよき大将となるよう励んだという。またこの頃、信方は信玄の軍師的存在となる山本勘助を推挙したと思われる。


信玄の諏訪侵攻は天文十一（一五四二）年頃より本格化、同年秋には諏訪氏の居城・上原城（茅野市）を奪取し、信方を城代に任命、城と領地の支配を任せた。諏訪氏の居城だった上原城は、諏訪湖に注ぐ宮川流域に長く広がる諏訪盆地を広く見渡せる山城である。

「板垣屋敷通り」碑〈茅野市ちの上原〉

城のふもとに「諏訪氏館跡」という大きな石碑が立てられているが、この一帯は「板垣平《いたがきだいら》」とも呼ばれ、信方が城代、また諏訪郡代として屋敷を構えていたことからの呼称という。また屋敷の周辺の、かつての甲州道中沿いの集落には、「板垣屋敷通り」などが形成され、初期の城下町ができていたことをうかがわせる。

信玄の信濃侵攻がさらに進み、信方は常にその先頭に立った。信玄は上田平方面にも深く侵攻し、東北信の雄・葛尾城主の村上義清と全面対決、上田原の合戦の火蓋が切られたのは、天文十七(一五四八)年二月であった。

上田原の古戦場は、上田市街地の南西、西流する千曲川に南から浦野川・産川が合流して注ぐ平地一帯で、今も人家と田畑が広く点在する田園地帯をなし、ほぼ中央に上田古戦場公園がある。また、古戦場は上田電鉄別所線の上田原駅周辺でもあり、石久摩神社には「上田原古戦場」の碑が立

「上田原古戦場」碑が立つ石久摩神社〈上田市上田原〉

てられている。古戦場の西側、千曲川沿いの岩壁・岩鼻の高台に登ると、眼下に「高みの見物」のごとく古戦場を一望できる。

合戦は激烈をきわめた。上田原の東西に陣構えした両軍の軍勢はともにほぼ互角の七千、作戦も駆け引きもない力の限りを尽くす全面衝突の戦いは、第一陣の最前線に布陣した信方隊による鯨波《げいは》の声を挙げての突撃から始まった。

その勢いはすさまじく、村上勢の第一陣を突破、敗走する敵をさらに追った。ところが大勝した安堵感からか、味方の軍勢と離れた状態のままで悠々と信方は首級の実検を行ったというのだ。

百戦錬磨の信方がなぜ？「勝った！」という油断だろうか。それを見た村上勢は、逆に好機至れりと反撃に出た。信方は馬にも乗れぬまま敵兵に囲まれ討死した。信方ともあろう歴戦の将がなぜ油断したのか、定かでない。

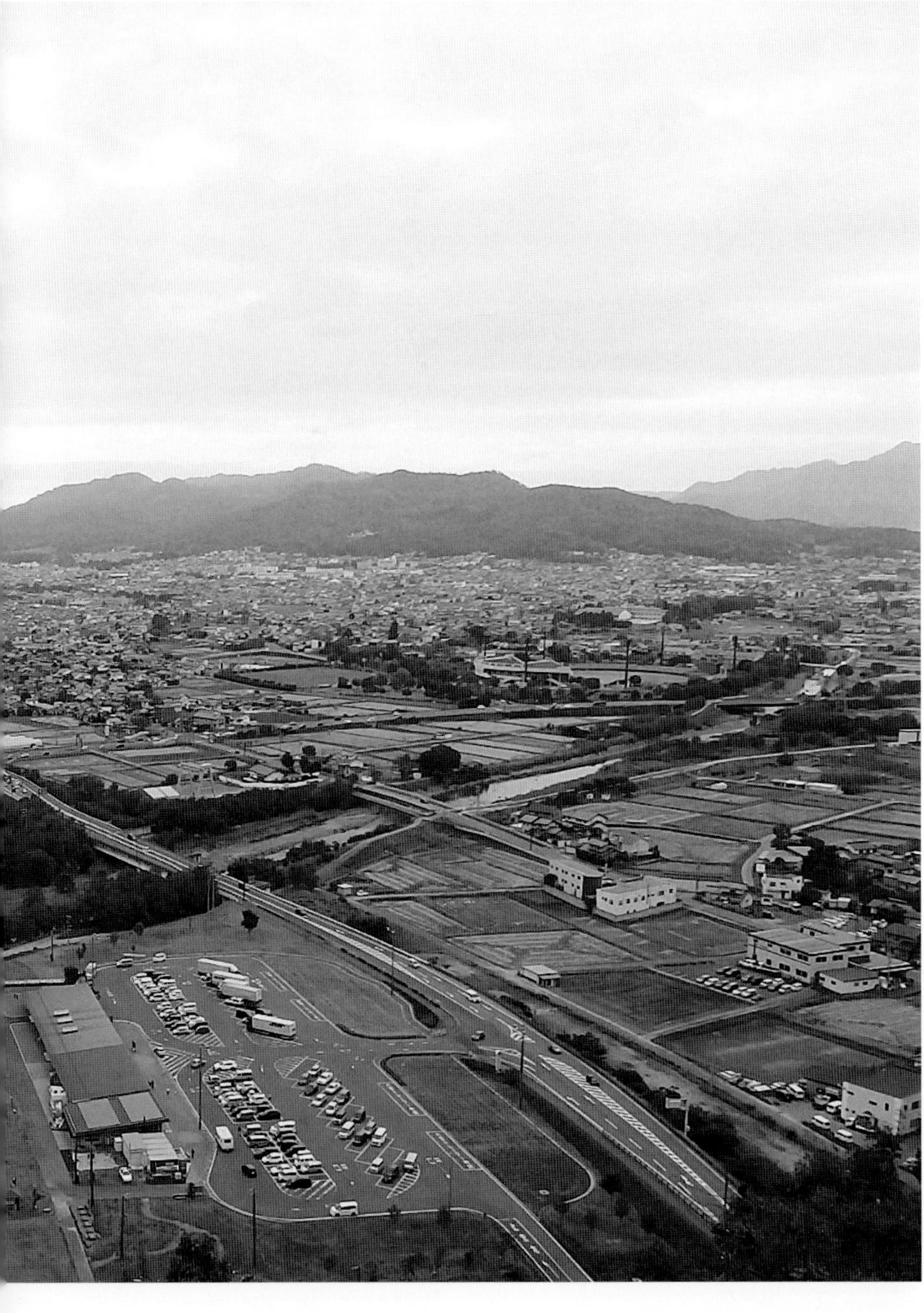

上田原古戦場を岩鼻から望む。左手に千曲川、正面中央の小高い山が信玄本陣が置かれた倉枡山〈上田市〉

板垣神社〈上田市下之城〉

「殿ッ、板垣様、板垣様が討死！」

「何、信方が！」

　さらに信方隊を援護するためあわてて加勢に走った甘利虎泰も、才間河内守も討たれたというのだ。戦死者・負傷者数知れず、村上勢の猛反撃に信玄軍は逆に敗走、大敗を喫した。

　この合戦で信玄は数ヶ所に手傷を負った。『甲陽軍鑑』によれば、阿鼻叫喚《あびきょうかん》の白兵戦中、総大将・義清自らが信玄本陣に斬り込み、信玄と互いに馬上でわたり合ったとされ、同書は「両方（信玄と義清）、切ッ先ヨリ炎（火花）ヲ出シテ斬リ戦ウ」と記している。

　これが信玄の長い戦歴で、数少ない敗戦として知られる上田原の合戦である。


　信方の墓所は古戦場のほぼ中央の田園の中に板垣神社として祀られ、二つの鳥居が配されている。墓塔には信方が好んだと伝えられる煙草がよく供えられるという。

北に虚空蔵山を仰ぐ一帯には信方ばかりでなく、村上方の武将たちの墓塔も点在して祀られており、合戦の熾烈《しれつ》さを今に伝えている。

大敗した信玄だったが、それまで信方が地道に築き上げていた信濃侵攻の布石を粘り強く着実に進め、五年後の天文二十二（一五五三）年についに村上義清の葛尾城を攻略、義清を北へ追って、東信一帯をほぼ制圧する。

信方はまさに身を挺して、信玄の信濃支配の礎となったのである。

ちなみに明治時代、土佐出身の元勲・板垣退助は信方の子孫を称していたという。甲斐の板垣がまた、何ゆえ土佐に、と訝《いぶか》ったが次のようなつながりという。

信方死して嫡男・信憲が家督を相続したが、不行跡あって板垣家は断絶に。その信憲の子、すなわち信方の孫が武田氏が滅びた後、関ヶ原合戦の頃、掛川城主だった山内一豊の重臣・乾《いぬい》家の家臣として仕えることとなった。さらに見込まれて乾姓を名乗った。山内家が土佐に移った後、しだいに山内家で重きをなし、幕末まで続いて乾退助＝板垣退助が登場したというのである。

となれば確かに信方の子孫となる。板垣退助が東征軍の将として、甲州街道を江戸に進軍した際、「あの板垣信方の子孫」ということが甲斐ではいたく評判になり、板垣退助は面目を施したという。

鬼小島弥太郎

一撃にて猛犬を撲殺

おにこじまやたろう（?〜一五六一?）
戦国時代の武将。上杉家家臣。鬼児島とも書く。また弥太郎勝忠、貞弘などともいう。三十人力という剛力無比の勇猛さを驚嘆した謙信が、小島という姓を「鬼小島」と名付け称えたという。上杉為景・謙信父子に仕え、上背六尺（一・八メートル）豊かの大男だったとも。出身は現在の妙高市あたりといわれ、また長岡市乙吉《おとよし》町の乙吉城が居城ともいわれるが詳しいことは不明である。

戦国時代には「鬼」を冠された猛将・勇将は数多《あまた》居並ぶ。鬼柴田（柴田勝家）、鬼武蔵（森長可《ながよし》）、鬼美濃（原虎胤《とらたね》・馬場信春）、鬼作左（本多重次）などなど。

みな世に知られた千軍万馬、一騎当千の雄将である。本編主役の「鬼小島弥太郎」もまた然りなのだが、伝説の人物ともいわれ、今一つその名は天下に知れ渡っていない。

ところがそんな弥太郎の墓が北信濃・飯山市の英岩寺にあると知ったときは意外だった。かつて読んだ謙信の伝記・読み物の中に登場していた鬼小島弥太郎という特異な名がしっかり記憶に留まっていたからである。

「実在の人物だったのか?」

寺の街・飯山でも英岩寺は一番の古刹で街の北辺に位置している。門前に「英岩寺　鬼小島弥太郎の墓」と表記され、正面に本堂、左手に進むと墓地が広がっている。その一番奥のあたりに、古めかしく苔生す自然石の弥太郎の墓塔があった。

あの最大の激戦といわれる永禄四（一五六一）年

英岩寺の弥太郎墓所〈飯山市飯山〉

の第四次川中島合戦の後、越後への帰り道のこと。謙信に随従していた弥太郎は深傷《ふかで》を負っていた。弥太郎は行軍の足手まといになることを嫌い、この寺の近くで自刃《じじん》、埋葬されたという。

さらに弥太郎の墓は、地元というべき長岡市乙吉の古刹・龍穏院《りゅうおんいん》にもある。弥太郎を中興の祖と崇める龍穏院のすぐ裏手の山が弥太郎の居城・乙吉城で、木立の深い境内には墓塔の他に後世に建立された「鬼児島弥太郎城址萬霊供養塔」の碑も立てられている。

寺には弥太郎が所持していた守り本尊の笈仏《おいぶつ》馬頭観音が安置され、また寺宝として弥太郎使用のあぶみや薙刀《なぎなた》も安置されているという。

乙吉からさらに東へ一〇《キロ》ほどの栃尾の地には「鬼小島弥太郎戦傷の地」という史跡がある。栃尾城は、謙信(当時景虎)が十四歳から十九歳まで過ごした地で、越後の盟主たらんと決意の旗揚げをした城である。その山城の山容は市街の秋葉公

弥太郎が中興の祖という龍隠院の参道〈新潟県長岡市〉

龍穏院の弥太郎供養碑。「鬼児島彌太郎御墓供養」と刻まれている〈新潟県長岡市〉

園などから間近に仰ぎ見ることができ、公園には謙信像あり、謙信廟あり、謙信飛躍の原点の地として知られる。同公園のすぐ近く、天神山の施設敷地内に、「鬼小島弥太郎戦傷の地」として墓塔が立てられていた。

説明板によれば、

「弥太郎は一七歳の頃から栃尾城に居た謙信に仕え、その後各地の合戦で軍功を挙げた。そして永禄三(一五六〇)年の栃尾城近くの刈谷田川の合戦にて、敵・三条方の広瀬十郎と一騎討ちしてこれを討ち、大勝利に導いた。ところが帰陣の途中、栃尾の天神橋で広瀬十郎の子二人に不意討ちされ、兄弟を斬り伏せたものの深傷を負いついに弥太郎は落命した」

という。

こう説明されてはいるが、永禄三年といえば、あの激戦だった第四次川中島合戦の前年である。また刈谷田川の合戦は謙信の若き頃で、合戦の状況も不確かである。このように、さまざまな伝説・

弥太郎戦傷地の碑〈新潟県長岡市〉

事実が混在して弥太郎伝承が構成されていると思われる。弥太郎の架空人物説が生じる所以《ゆえん》といえようか。

上杉関連の史料にその名が登場しないという弥太郎だが、古書『甲越信戦録』には剛勇ぶりがいかんなく発揮されて記されている。

弥太郎剛勇三話

その一

弥太郎が武田方に使者として赴いた。その音に聞こえた豪胆な弥太郎を見たいと武田の家臣らが、口上を述べる弥太郎に獰猛な野犬をしかけた。犬は弥太郎にとびかかりその腕をガブリと噛んだ。ところが弥太郎は顔色ひとつ変えず、噛ませたまま平然と口上を述べ終わると、片方の手でその犬を一撃で撲殺した。

その二

武術に長けた将軍義輝がかわいがっていた大猿

春日山城跡の弥太郎屋敷跡の碑〈新潟県上越市〉

は、上洛してくる大名などを屋敷内でしばしばふざけながら木刀などで襲った。多くの武将たちは対応に苦慮していた。弥太郎が謙信の使者として将軍屋敷へ行くと、あにはからんや大猿がとびかかってきた。しかし何の苦もなく弥太郎はこれをはねかえして強く猿を打ち据えた。
翌日謙信が伺候すると、やはり大猿は待ち構えていた。だがすぐ後ろに控える弥太郎の顔をみると、昨日打ちのめされているため恐れをなし、まったく襲いもせず静かにしていた。将軍の近習たちは「さすが謙信公」と、謙信の威厳を称えたという。

その三
弥太郎が深傷を負ったという川中島決戦、修羅の戦場真っ只中で、弥太郎は敵の猛将・山県昌景とまったく互角の激闘を演じていた。ところが急に昌景が、「わが若殿(武田太郎義信)が窮地にて助太刀せねばならない、しばし勝負を預けてくれぬか」という。聞いた弥太郎は「あいわかった」

と快諾して槍を下げ、見逃してくれた。

山県は「なんと花も実もあるもののふよ、鬼小島などと誰が名付けたか」と、弥太郎の心意気に感服したという。戦《いくさ》の途中になんとものんきな話だが、案外弥太郎の一面を伝えているのかもしれない。

弥太郎館跡の碑〈新潟県妙高市〉

上越市の広大な春日山城跡を大手門から登っていくと、春日山神社のすぐ横で、行人包《ぎょうにんづつみ》の謙信像が迎えてくれる。ここから本丸天守台方面に行くと、上杉家重臣の直江兼続《なおえかねつぐ》屋敷跡や毘沙門堂などに至る。そして天守台の向こう側には柿崎和泉守屋敷跡、上杉景勝屋敷跡、そして柿崎屋敷跡より一段下った平地に「鬼小島弥太郎屋敷跡」の石碑が立てられている。草木が深く確認するのに難儀するが、弥太郎がかなりの重臣だったことを思わせる。

また、春日山城から南へ一五キロほどの妙高市には、「鬼小島弥太郎館跡」の石柱が高く立てられている。周辺地域には今も「小島」姓が多く、弥太郎の出身地ではないかといわれている。

伝説やわからないことが多く、弥太郎の架空人物説は消えないが、上杉謙信麾下《きか》の際立った猛将としてその名は長く消えることはないだろう。

ちなみに、飯山・英岩寺近くの和菓子屋さんの銘菓「鬼小島弥太郎」は白あんの焼きまんじゅうで、かなりの人気という。

武田信虎

信玄に勝る父、名将にして智将

たけだ・のぶとら（一四九四～一五七四）
戦国時代の甲斐の武将。武田信玄の父。永正四（一五〇七）年、父・信縄《のぶつな》より家督を継承、甲府・躑躅ケ崎《つつじがさき》（現武田神社）に居館を造営する。その後今川勢の侵攻を撃退するなどして武名を挙げ、二十八歳頃に甲斐を統一。信濃への侵攻は四十七歳頃から開始したが、その直後に駿河へ追放される。以後駿河に居住、さらに京に上り足利将軍などと交流。その後信濃・伊那高遠に身を寄せ、八十一歳で死去。

信虎といえば、ローマの暴君ネロならぬ「暴君信虎」として悪名高い。希代の名将と称えられる嫡子・信玄とはきわめて対照的である。かくいう私も昔から名将・信玄があたりまえで、信虎についていては「暴君」のイメージで固まっていた。

諫言《かんげん》が気に入らぬといって手討ちにした重臣は内藤虎資《とらすけ》、馬場虎貞、山県虎清など数多く、性格は粗野、また初陣で手柄を挙げた信玄を褒めるどころか厳しく叱責して疎《うと》んじるなど、その非情さは家臣・領民から嫌悪されていたという。

それゆえか、武将として脂ののりきった働き盛りの四十代に、嫡子・信玄や重臣により国主の座を奪われ駿河へ追放されたという。以後死ぬまで、甲斐の土を踏むことはなかった。信虎とはそれほどまでの極悪非道の武将だったのだろうか。

甲府市街を南へ貫流して富士川に注ぐ荒川の河川敷に、ひっそりと目立たぬように立つ「飯田河原古戦場慰霊碑」。

山梨県立病院の近くでかなり大きい碑なのだ

が、単独にポツンと、説明板もなく埋もれた感じのする石碑である。しかしこの碑こそ、信虎が大敵・今川勢を向こうにまわし、みごと潰走させた戦勝の顕彰碑といえる。

大永元（一五二一）年春、信虎が甲斐国主となって領内がまだ落ち着かぬ頃合を狙い、今川方の将・福島正成は一万五千の大軍を擁して甲府盆地深く侵攻してきた。迎えうつ信虎はわずか二千。信虎はあらん限りの幟旗《のぼりばた》・ワラ人形をつくって大軍を装い、ゲリラ的な奇襲をかけて福島勢を敗走させたのである。

飯田河原古戦場慰霊碑〈山梨県甲府市〉

これが飯田河原の合戦である。しかし大軍の福島勢は、敗走したものの、陣容を立て直して再び猛反撃の逆襲をかけてきた。

両軍は荒川の上条河原で再び激突した。信虎はまたもその覇気をいかんなく発揮、正成を討ち取ったともいわれる。『高白斎記』に「福島衆ヲ数多討チ捕リナサル」と記されているほどの大勝利をおさめたのだ。

「武田信虎、やるではないか、これは侮れんぞ」と近隣の大名や甲斐国内の豪族は信虎を畏怖した。かくして信虎は甲斐をほぼ統一、甲斐守護・戦国大名としての地位を確固たるものにしたのである。

七倍もの敵を撃破するとは、後の信玄の強さを上まわる戦果といえる。しかしながら信虎にとって栄光の輝かしい「上条河原決戦之碑」も、周辺の人々にさえあまり知られていない。飯田河原より上流の荒川の堤防公園に説明板もなく、ひっそりと立つのみである。

信虎は武勇ばかりの将器でなかった。現在、信玄を祭神とする武田神社一帯は、かつて武田氏の居館・躑躅ヶ崎館の地で、これは信虎によって造営された。それまで石和《いさわ》に置かれていた守護所を、甲府盆地を睥睨《へいげい》できる高台に移し、家臣を城下に集住させて商業発展を進めた。信玄時代に甲府は飛躍的に発展するが、その礎は信虎が築いたのだ。「甲府」と名付けたのは信虎である。

上条河原の合戦碑〈山梨県甲斐市〉

また外交関係も苦心しつつよく目を配っていた。東に北条、南に今川、北に諏訪という周辺の大名との緊張関係は、しばしば小競り合いを起こしていた。

そんな中、天文六(一五三七)年には長女を今川義元に嫁がせ和睦、さらに数年後、北の諏訪頼重にも三女を嫁がせ宥和《ゆうわ》関係を保つなど、外交関係は好転していった。

信虎の眼は甲斐を越えて京の都にも据えられていた。躑躅ヶ崎館の造営は室町御所を手本とし、嫡子信玄の正室は公卿の三条家から迎えた。またわざわざ冷泉為和《れいぜいためかず》を甲府に招き、和歌の会などを催している。

信虎の政策で特筆すべきは、享禄元(一五二八)年に領内に徳政令を発令していることである。その頃甲斐に大規模な自然災害が勃発したとはいえ、戦国大名としてはきわめて異例であり、領民にとっては暴君どころか「まさに名君のごとし」なのである。そんな信虎がなぜ信玄や重臣らに

信虎が築いた躑躅ヶ崎館は武田神社となっている〈山梨県甲府市〉

よって放逐されてしまったのか。

追放劇の謎

事件は天文十（一五四一）年に突然のごとく起こった。前年に諏訪頼重と和睦した信虎は、侵攻の矛先を東信・佐久平に向け、村上義清・諏訪頼重と連合して東信から海野棟綱を上野国《こうずけのくに》へ追い、信濃にその支配勢力を伸ばしていった。

悠々と甲府に凱旋した信虎。ところがなぜか十日後に、「駿河・今川公のご機嫌伺いをし、久々に娘の顔を見てくる」と、駿河へ向かった。

甲斐と駿河の国境の関所・万沢の関は、富士川の河口からわずか二〇キロほど上流の地にて、甲府からはかなりの距離がある。信虎が出国すると突然、万沢の関は閉鎖され、信虎に従ってきた将兵のほとんどがそこに留まった。そして駿府へ向かう信虎にはわずかな供ぞろえが従うのみとなった。

「これは、な、なにゆえか！」と叫ぶ信虎。

「殿、さらばでござる」の別辞が信虎の耳に届いたかどうか。

かくして信虎は甲斐から追放された。このクーデターは重臣・板垣信方、甘利虎泰らが中心となって練られた策謀ともいうが、事件の原因・背景はいまだはっきりしていない。

苛斂誅求《かれんちゅうきゅう》な税、そして度重なる徴兵、家臣や領民への残虐な行為などの悪政に対して、多くの家臣らが信玄を擁してクーデターを策したとよくいわれるが、先に見たように信虎は決して暴君ではない。

信虎が追放された甲駿国境の万沢の関跡〈山梨県南部町〉

また次男の信繁を偏愛、信玄の廃嫡を策していたほどの父子不和が決定的になり、ついに信玄が決起したともいう。

「次郎（信繁）、前へ来い、盃をとらす」

「‼」

天文七（一五三八）年新年正月の祝宴で放たれた信虎の一声に、家臣ら満座が息を詰めた。

嫡男の晴信（信玄）を差し置いて、信虎は真っ先の盃に次男・信繁《のぶしげ》を指名した。しかもその宴にて、最後まで信玄に盃はなかった。

「信虎公、子息晴信公（信玄）へ御盃ヲツカワサレズ。次男次郎殿（信繁）へツカワサルル」（『甲陽軍鑑』）

これは追放事件の三年前であった。

ところがである。

信玄は、信虎を駿河に追った後、駿河での信虎の扶養料を今川に提供していたという。つまり、「信玄と今川義元による綿密な共謀策だったのではないか」という説も唱えられている。戦国時代、親や子、兄弟、重臣にも気を許してはいけなかった。信虎は信玄や家臣らの動きを気付かなかった、

桂泉院の信虎墓〈伊那市高遠町〉

見抜けなかったということか、慢心・油断していたというべきか。

甲斐を追われ駿河におよそ二十年、桶狭間の合戦で義元が戦死すると、信虎は京へ上り公家などと交流して十余年を過ごし、天正二（一五七四）年に信州高遠城の三男・信廉《のぶかど》（信玄異母弟）のもとに身を寄せた。すでに信玄は前年に病没していた。信虎は、高遠で孫の勝頼と対面したともいわれる。しかしついに故郷甲斐の土を踏むことなく、同年死去した。

信虎は高遠城跡の東一キロほどの古刹・桂泉院に眠っていた。意外だった。だいたい「暴君信虎」がどこで死んだかなど、それまでの私はまったく関心はなかったのである。

その後信虎の葬儀は、自身がかつて創建した甲府・大泉寺で執り行われた。死してやっと甲斐に戻ったのである。

武田神社の南東一キロほどの大泉寺。

信虎の眠る大泉寺〈山梨県甲府市〉

門前に「武田信虎の墓」の石柱が大きく立つものの境内は閑散、奥深いところに信玄・勝頼と並んで墓塔が立っている。

信玄を祭神とする武田神社のにぎやかさとは雲泥の差で、いささか違和感を覚える。甲斐のみならず、信玄賛美の声が古今東西絶大すぎるのは何か無念である。

先にも記したが、武田家の基盤、甲府の街の基礎は信虎によって築かれたのだ。信虎の「復権」までにはまだ時間がかかるのだろうか。

そんな私の懸念・嘆きが通じたのか、平成三十（二〇一八）年暮れ、なんと甲府駅北口広場において、信虎像が除幕された。大泉寺所蔵の信虎の三男・信廉が描いた父の肖像画をもとに、山梨県在住の造形作家・河野和泉氏が原型を制作したという。甲冑《かっちゅう》の武将姿でなく、僧侶姿で台座を含め高さ四《メートル》、右手に軍配を握っている。

信虎さん、よかったね。

甲府駅北口に立つ信虎像〈山梨県甲府市〉

山県昌景

武田軍団先鋒の赤備え

やまがた・まさかげ（一五二九？～一五七五）戦国時代の武将。武田信玄・勝頼に仕えた重臣。馬場信春・高坂弾正・内藤昌豊と並ぶ武田四名臣の一人。当初は飯富《おぶ》姓、後に武田の名家・山県家を継ぐ。川中島の合戦、三方ヶ原の戦いなどで赤備え隊を率い、武田最強部隊の先鋒として敵味方に畏怖される。天正三（一五七五）年の長篠の合戦において乱軍の中で戦死。享年四十七か。

「昌景、あすはそちの旗を……、瀬田の橋（滋賀県大津市）に立てよ…」

元亀四（一五七三）年四月、南信濃の山中で死の淵にあえぎながら、信玄はこう呻《うめ》き、息を引き取った。朦朧《もうろう》とした意識の中にあって、武田の軍団は燎原《りょうげん》の火のごとく瀬田の橋に迫っていたのだ。

瀬田川（宇治川）に架かる瀬田橋のたもとから西を望むと、大津の街並みの向こうに比叡の連山を望むことができる。目指す都はもはや目と鼻の先、指呼の間にあり、山県昌景の赤備え隊を先鋒に、信玄の夢の中は上洛を果たす寸前だったのだ…。

武田軍先鋒の昌景隊は、家康も信長も恐懼《きょうく》した武田最強の部隊であった。元亀三（一五七二）年の三方ヶ原の合戦で家康は、赤色に染まった昌景隊に完膚なきまで突き崩され大敗、朦朧とさまよって浜松城に逃げ帰った。

後に武田が滅亡すると家康は、昌景の家臣を積極的に招き入れ、井伊直政の配下に加え、徳川軍先鋒の赤備え隊を組織させた。さらに後、真田信繁（幸村）が大坂の陣で赤備えを組織し大活躍した

後方に比叡山の山並みを望む瀬田の唐橋〈滋賀県大津市〉

ことから、「最強部隊・先鋒＝赤備え」の呼称が定着したのである。

昌景は武田家宿将の一人・飯富虎昌の弟（甥とも）で源四郎といい、十五歳頃から信玄の近習として仕えた。信玄はその才覚・勇猛ぶりを高く評価した。

まだ飯富源四郎と名乗る二十七歳頃、昌景のあまりの強将ぶりに敵も味方も恐れおののいたのが信州・北安曇の制圧戦であった。

弘治二（一五五六）年春、松本平を手中にした信玄は、越後と境を接する北安曇の動向に神経をとがらせていた。特に仁科三湖（木崎湖・中綱湖・青木湖）以北の国衆・土豪が越後の謙信と結ぶことを強く警戒したのである。その制圧と懐柔の任を命じられたのが昌景であった。

昌景はまず千見《せんみ》城（大町市美麻）に拠る大日方《おびなた》直長《なおなが》を急襲、立てこもる城兵を完膚なきまでに壊滅した。さらに北へ進攻、飯森城（白馬村神城）の

中央が一夜山城と呼ばれる飯森城〈白馬村神城〉

勇将・飯森春盛（盛春）を攻めた。昌景の猛攻に恐れをなした春盛は一夜にして城を退去、越後へ奔《はし》った。春盛にとって不名誉なことに、飯森城は以後「一夜山城」と呼ばれた。

ＪＲ大糸線の神城駅あたりから北を望むと、平地にポツンとそびえる横長の山、これが一夜山城だ。春先に訪れると、山城の背景をなす残雪まぶしい北アルプスの霊峰やスキー場、五輪会場のジャンプ台の景色に目を奪われてしまい、見逃してしまうような山である。

飯森春盛は、雪が消えた翌年春、失地回復、飯森城の奪還をはかって越後から戻り、まず平倉城（小谷村）に拠った。しかし、春盛の動きを察知した昌景はすばやく行動を起こした。

越後国境から南へ姫川をさかのぼっておよそ二〇キ《キ》ロ《ロ》にある平倉城（小谷村）に立てこもった春盛だったが、昌景の攻撃は、激烈だった。

「上杉からの援軍が来る前に城を落とすぞ」

昌景は攻めに攻め、春盛を討ち取り、城兵をことごとくなで斬り、幼い男児もすべて斬ったという。平倉城近くに、飯森方の将兵・男児を斬ったという「斬った屋敷」と名付けられた地が今に残る。北安曇一帯の土豪らの越後への加担を徹底的に排除した非情なまでの昌景の処置は、信州人には感情的になかなか受け入れにくいものである。

しかし、戦国時代の弱小地帯の世の習い、北安曇一帯の武士たちは、この後も上杉派と武田派に分かれ、それぞれが信義の証《あかし》として、最前線で戦わされる。まずは見知ったどうしで相争うのだからなんとも悲惨である。

ほぼ四百五十年後の今…。

広がる碧空を背景に北アルプス連峰を仰ぐ白馬村一帯は、阿鼻叫喚・非情の戦国の世がまったく嘘のようなすばらしい景色である。

さて、話を昌景に戻そう。

昌景は小兵の武者だったといわれる。だがその勇猛ぶりには大男たちも舌を巻いた。あの永禄四（一五六一）年の第四次川中島合戦での昌景のすさまじい強勇ぶりを、「四尺三寸の大太刀を差しかざし、縦斬り、輪斬り、膝折、腰車と切り伏せに切り伏せる」と、古書『甲越信戦録』は描いている。

なぜにさほどまでに強いのか、ある将が昌景に尋ねた。

昌景曰く、

「日々の訓練も大事ですが、それだけではなく、一番大切なのは戦に臨む心がけです。いつも初陣のように合戦に赴く覚悟で慎重に策を練り、勝てると思っても確信しない限り戦わないようにしているからです」

「一番は訓練よりも戦に臨む心がけが肝要、常に初陣の如き覚悟が」と。

もっともなり、古今東西、みな人の肝要な心がけは同じなり、ということか。

最期の時

そんな不死身の昌景も、ついに最期の時を迎え

山県塚とも呼ばれる昌景墓所。左端が昌景の墓〈愛知県新城市〉

る。長篠の合戦である。

『甲陽軍鑑』によれば戦前、昌景は信長・家康軍の様子を見て、暫時《ざんじ》攻撃を控えるべきと総大将・勝頼に進言した。守りを固める柵の設営や空堀の掘削という不気味な動きを警戒したのである。

「なぜ三倍を擁する大軍が攻撃してこず、守りに徹した陣構えをするのか？」

昌景はじめ宿将らに眉宇《びう》を曇らせる疑念が起こっていた。しかし勝頼はその諫言《かんげん》を受けず、総攻撃を命じたという…。

昌景は左翼先鋒隊として死を賭して何度も突撃を繰り返し、壮烈な白兵戦の中で戦死する。

一般的に武田軍は三千挺の銃弾によりバタバタ狙い撃ちされ壊滅したと思われがちだが、いささか違う感じもする。合戦は力と力の真っ向勝負の様相が色濃いのである。早暁に火蓋を切った設楽原《したらがはら》の阿鼻叫喚、まさに阿鼻叫喚の合戦は八〜九時間にも及び、武田方一万、織田・徳川方六千という夥しい戦死傷者を数えたという。鉄砲の威

長篠古戦場の昌景墓所。写真中央の人家の後方が家康方の陣営地〈愛知県新城市〉

力もさることながら、最終的には織田方の三倍近い兵力による力攻めによって武田方は敗れたというべきか。

四百年前の合戦当時の雰囲気をいまだよく残す長篠の古戦場は、連吾川を挟んだ南北に広がる田園地帯である。秋に訪ねた折には、あちこちに真っ赤な曼珠沙華《まんじゅしゃげ》が戦死者の血のごとく咲き乱れていた。復元されている馬防柵一帯(口絵参照)を巡って歩くと、音に聞こえた武田の猛将たちの墓塔があちこちに点在していてあまりにも切ない。

昌景は、武田軍の左翼最前線、徳川の本陣を間近に望む台地に眠っている。合戦前に、陣を構えた場所と同じあたりではなかろうか。敗走もせず、この地をまさに死守したか。

この古戦場へ来てつくづく感じるのは無敵の武田騎馬密集軍団が疾駆する平地はないなぁということ。映画「影武者」や大河ドラマなどで描かれた武田騎馬軍団突撃のシーンはまさに手に汗握る

昌景の甲府屋敷跡の標柱〈山梨県甲府市〉

迫力である。

だが、現場にはそんな平地の草原はない。しかも両軍の間には、連吾川が流れていて狭い。騎馬軍団が馬防柵へ突っ込むというには距離があまりに近すぎるのである。個人技で勝る武田軍を、織田・徳川方は、集団戦で三倍近くの兵数と鉄砲を駆使して勝利したというべきだろう。

有名な「長篠合戦図屏風」では、戦死した昌景の首級を家臣が敵に奪われぬよう持ち帰る場面が描かれている。個人技では群を抜く昌景も、この織田・徳川方の作戦にはついに敵《かな》わなかったのだろう。

生涯、常時戦場を疾駆していたイメージの昌景である。ゆっくり自宅の屋敷でくつろぐひとときなどあまり想像できないのだが、甲府・躑躅ケ崎《つつじがさき》館近くに昌景屋敷跡を見つけると、ふとほっとするような、家族とくつろぐ時間もあった昌景を懐かしく思うような…。

秋山信友

武田最前線にて信長と対峙

あきやま・のぶとも（一五二九?〜一五七五）
戦国時代の武将。正式名は虎繁とも。武田信玄・勝頼の家臣。武田二十四将の一人。信濃の伊那・木曽攻めなどで軍功を挙げ、三十歳頃、南信濃の高遠城、大島城の城代を任ぜられる。元亀三（一五七二）年、織田支配下の美濃・岩村城を奪取、城主の妻室だったおつやの方を娶《めと》ったといわれる。しかし長篠合戦の敗北後、織田方に逆襲され岩村城にて降伏開城、捕縛され処刑された。

南信濃・松川町の大島城は、伊那・高遠城から南へ四〇キロほどの地に位置し、信玄の南信濃支配の拠点であった。それだけではない。信玄が上洛を目指す際には、信濃から美濃・三河へ出撃する進軍拠点としての役割を担っていた。

城の東から南にかけては天竜川がそのまま外堀をなし、本郭は川面からおよそ四〇メートル、西側には今も三日月堀が形を留めている。戦国時代に使われたまま廃城となったため堅固な遺構がよく残り、今は台城公園と呼ばれ保存されている。

この大島城の本格的な築城を手掛けたのが、当時高遠城代にして伊那郡代だったという秋山信友である。信友はまた大島城代として、信玄西上の折には、美濃方面からの出撃の先鋒を担っていた。

信友の出自は現・南アルプス市秋山ともいう。信友の父・信任《のぶとう》の頃から武田信虎に仕え、信友は十代より信玄の配下として南信濃侵攻戦の福与城（上伊那郡箕輪町）攻めなどで活躍、頭角を現した。

弘治元（一五五五）年頃、高遠城代に抜擢され、

信友が城代を務め改修した大島城の跡は台城公園となっている〈松川町元大島〉

南信濃一帯を管轄する伊那郡代にも任じられたという。

信友は武功ばかりでなかった。永禄十(一五六七)年の武田・織田の同盟には多くの重臣が反対する中、和議の推進を唱えたという。そして信長嫡子・信忠と信玄四女・松姫の婚約が調ったときは、信玄の名代として岐阜へ赴き、織田からの結納の返礼使者として大役を果たすなど、外交交渉にも長けていて信玄の信頼も厚かった。

大島城の改修が完了した元亀三(一五七二)年頃、信玄は上洛に向け甲府を出陣、時を同じくして信友も美濃へ侵攻、岩村城(岐阜県恵那市)をうかがい、攻略に着手している。岩村城主は、御坊丸(信長五男)を養嗣子とした遠山景任《かげとう》であったが、その死後は景任夫人だった信長の叔母にあたるおつやの方が後見して城を差配していた。いわゆる女城主である。

信友の岩村城攻めに城方は頑強に抵抗した。だ

大島城三日月堀跡〈松川町元大島〉

が信長は同時期、伊勢長島一揆との戦いに忙殺されていて援軍を送れなかった。

信友は強引な城攻めをせず、城内のおつやの方を自らの妻室とし、御坊丸及び城兵の命を助けるなどの条件を示して城方を説得、ついに岩村城を開城させ、城は武田方となった。

信長としては叔母と実子の命が助かるとなれば「やむなし」、しぶしぶこの条件を受け入れた。信友としては信長が二の足を踏む状況で城を奪取したことは大軍功となった。信玄西上作戦の美濃ルート最前線の橋頭堡を確保したのである。そして信友は岩村城主の座に就き、美貌の誉れ高いおつやの方を正室とした。

だが信長の怨みを一身に受けたことになる。おつやの方の心情もまた複雑だったろう。

「武田と最後まで戦い抜き、城兵ことごとくみな戦死すべきだったか…」

おつやの方は籠城《ろうじょう》戦において甲冑《かっちゅう》を身にまとい奮闘したという。

岩村城跡。堅固な石垣に圧倒される〈岐阜県恵那市〉

信友が岩村城主となって数ヶ月後、

「な、なんと、お館様が！」

信玄危篤、ついで急死の凶報を信友はどこで耳にしたろうか。その驚きと悲しみの衝撃は察するに余りある。岩村城からそう遠くない三州街道沿いで信玄が息を引き取ったとなれば、信友は枕元に駆け付けていたことだろう。

しかし、あるじ逝去の悲しみにいつまでも暮れているわけにはいかない。信友は敵・信長ともっとも近くで向き合う地にいるのだ。岩村城から岐阜城までは五〇キロほど。新当主・勝頼のもとにおいても、信友はそのまま岩村城代として武田最前線で仕えた。

信長の逆襲

天正三（一五七五）年五月、長篠にて武田大敗北。信友は合戦に出陣していなかった。おそらく、多くの武田の重臣・猛将が戦死という凶報を、驚愕、身を震わせながら岩村城で受け取ったことだ

秋山夫妻墓といわれる岩村城近くの大将塚。織田信忠の本陣跡ともいわれる〈岐阜県恵那市〉

ろう。

「信長、…いよいよ来るか」

予想以上に信長の動きはすばやかった。はや翌六月、嫡男・信忠を総大将とする大軍が岩村城に押し寄せてきた。というのも、武田方の美濃の土豪らが、織田方に次々と与《くみ》するようになったからである。

城を巡る攻防戦は半年に及んだ。信友はよく城を守り戦った。この間、勝頼からの援軍も計画されたが、ついに岩村城への来援はなかった。信友は敵陣に夜襲をかけるなどしたが結果は好転せず、ついに降伏を覚悟、和議を受け入れた。

そして、その交渉に信友自ら敵陣へ赴いたところを捕縛された。おつやの方も捕らえられ、信友とともに、美濃の長良川の河原にて逆さ磔の極刑に処されたという。また、あるじ亡き籠城兵は攻め立てられ全員討死した。

『信長公記』の記載は、戦国の世とはいえかなりむごい。

「秋山、御赦免の御礼申し上げ候を召し捕り…長良の河原に張付(磔)に懸けおかれ…（岩村城の）残党悉《ことごと》く焼き殺しになされ候」

かくして岩村城は織田方に奪い返されたのである。

岩村城跡北方の大将陣公園と呼ばれる樹木に覆われた小高い丘は、岩村城攻めの際、総大将・信忠の本陣が置かれたところという。また、信友夫妻の処刑はここで行われ、ここに葬られたとも伝えられる。樹木が覆う盛塚の前の「史蹟大将塚之碑」が物悲しい。

叔母といえども敵対したことを許さず、騙し討ちともいえる極刑は、いささか眉をひそめたくなる。おつやの方の運命を知るとその思いはいっそう深くなる。

おつやの方は、叔母とはいえ信長より年下だったという。詳細は不明だが、政略結婚で二度結婚、岩村城の遠山氏とは三度目、信友との婚姻は四度目、戦国乱世に身を置いた女性としては致し方ないとはいえ、城から身を引くことも許されたであろうに。

しかし、信長の怨みを買う形となってまで、信友の正室として城に留まった。そこに乱世で強く生きた女性の片鱗が想起され、地元・岩村町においては「女城主・おつやの方」が今もって愛されている所以《ゆえん》である。そして信友とは政略結婚ではなく、「愛」が育まれ、ともに信長と戦ったのではないかと。

二人は極刑に処されたが、その間に男児が育っていた。その子・秋山六太夫は落城の折に城を抜け、瀬戸内海を渡り、小早川隆景のもとで育ったといわれ、六太夫の墓も残されているという。

武田二十四将の一人として称えられる信友に際立った武勇伝はないが、おつやの方との伝説では優しい武人の姿が想起される。勇猛で鳴り響く武

武田通りに面している秋山信友屋敷跡〈山梨県甲府市〉

田家臣の中で、異色の存在といえようか。

岩村城など前線での在陣が多く、あまり甲府に帰陣することがなかったと推測される信友だが、その屋敷跡は武田神社正面の武田通りに面しており、山梨大学正門前に屋敷跡の標柱が立っている。また信友の墓は恵林寺にも立てられている。

最後に、壮絶な攻防戦が何度か繰り返された岩村城について。

目を見張るような六段備えの石垣をはじめ、壮大な石垣群（口絵参照）は必見で、城ファンに絶大の人気である。また、日本の城ではかなり標高の高い地（七一七メートル）に築かれた城であり、大和の高取城、備中の松山城と並び、日本三大山城の一つとしても数えられている。

渡辺金太夫照　天下第一の槍名人、高遠に散る

わたなべ・きんだゆうてらす（一五三二？〜一五八二）

戦国時代の武将。徳川家康の家臣・小笠原長忠配下の将。姉川合戦での抜きん出た活躍で信長より「日本第一の槍」の感状を受ける。天正二（一五七四）年、高天神城（静岡県掛川市）籠城《ろうじょう》戦において武田勝頼に攻められ降伏、以後武田家に仕える。八年後、武田方の仁科盛信（信盛）配下の将として高遠城（長野県伊那市）にて織田方と激戦、討死。

「金太夫、そちはかつて織田方の家康殿の家臣だったゆえ、ここで戦うは心苦しかろう。城を出て落ちるがよい」

「殿（五郎盛信）、それはあまりにむごい。この金太夫、武田に仕えて八年、決して二心はござりませぬ。このまま武田の、仁科・高遠軍の兵としてぜひ戦わせていただきたく、ぜひ！」

金太夫は熱願して籠城する兵として立てこもることを切望した。

そのひたむきさに感涙した盛信は、金太夫に自らの脇差を与え、一軍の将を命じた。

同じ頃、金太夫の旧主・家康は、織田方の一軍として駿河口から甲斐へ攻め入っていた。盛信は金太夫の板挟みとなる苦しい立場を思いやり、情けをかけたのである。

しかし、金太夫のもののふとしての侠気《きょうき》は、十倍もの大軍を向こうにまわし、真っ向から戦おうとする仁科高遠軍に溶け込んでいた。

織田方三万の大軍で高遠城の周囲は埋め尽くされていたものの、盛信以下、金太夫はじめ城兵の

高遠城内の本丸（手前）の問屋門。空堀に架かる桜雲橋の向こう側が二の丸〈伊那市高遠町〉

戦意は高かった。

盛信はその断固たる決意を織田方に示さんと、なんと書状と黄金を携えて降伏勧告にやって来た使者の耳をそぎ落とし、突き返したのだ。

これには織田方も激昂憤怒、総大将の信忠は自ら陣頭に立って力攻めをしてきた。

高遠城の北・西・南は藤沢川と三峰《みぶ》川のつくった急崖でほとんど攻城できない。信忠は城の東側から森長可《ながよし》、滝川一益ら、歴戦の猛将を前面に配して総攻撃を開始、戦闘は激烈をきわめた。

この日金太夫は、城南方の法堂院郭口《くるわぐち》を手勢三百ほどを率いて守備していた。

攻め手は滝川一益隊。

「これはよき敵ぞ」と、前面に躍り出る金太夫。

かくして城は阿鼻叫喚のるつぼと化した。

十倍の敵を向こうにまわして一歩も引かぬ高遠勢のものすごさには、さすがの信忠も舌を巻いた。

特に金太夫は自ら一丈三尺の大槍を水車のごとく

五郎山の峰に祀られた金太夫の三郎山石祠〈伊那市高遠町〉

振りまわして滝川隊に躍り込み、次々と敵を突き倒して大暴れ、鎧袖一触《がいしゅういっしょく》、一時は滝川勢が押し返されるほどだった。

だが、山津波のごとくなだれ込む織田の大軍に四方八方から取り囲まれ、ついに金太夫は壮烈な討死を遂げた。

将兵ことごとく死するを見た盛信は、床にどっかと座り、敵に「腹を切らん時の手本とせよ！」と叫び自刃《じじん》。

かくして早朝卯の刻（六時）に始まった激甚の戦いも申の刻（一六時）に終結、高遠勢三千のほとんどが討死した。古書『高遠記集成』は記す。中でも「金太夫の働き、敵味方随一」と。

今や桜の名所として天下に名高い高遠城跡に立って南西の方向に目をやると、三峰川の谷を挟んだ対岸に「五郎山」と呼ばれる緑に覆われた山を望める。その山頂に、総大将だった五郎盛信の石像と石祠が祀られていることから五郎山と名付けられた。

盛信像が立つ頂から東へ尾根づたいに、松林の中のかなり急な山道を下っていくと、「四郎山」「三郎山」「二郎山」と名付けられた峰に、それぞれ石祠が祀られている。

四郎山には小山田備中守昌行の祠がある。乱軍の中で戦死した盛信の重臣である。木漏れ日降る中、峰をさらに下ると三郎山へ。これこそまさに、渡辺金太夫照を祀る石祠の置かれた峰である。

金太夫は地元の出身でもなく、譜代の家臣でもなかった。しかし、その傑出した攻防戦での武勇を地元の人たちは三番手として称え、「三郎山」としてここに祀ったのである。

ちなみに「二郎山」は諏訪はな。薙刀《なぎなた》を振るって戦い、みごと討死した諏訪四郎左衛門の妻で、ここに祀られている。そして、道は高遠勢全戦死者を祀る「一郎山」へと続く。

姉川にて武名挙げる

渡辺金太夫照とは、いかなるもののふだったのか。残念ながら金太夫の出自、父母・妻子など詳しくはほとんど不明である。遠江か三河出身ともいうがはっきりしない。家康の家臣で、高天神城主・小笠原長忠に仕えていた。金太夫がその武名をおおいに挙げたのは、元亀元(一五七〇)年の、織田・徳川連合軍三万と、浅井・朝倉連合軍二万が対峙・激突したあの姉川の合戦である。

姉川の川幅は一〇〇㍍《メートル》ほど、湖北平野を西流して琵琶湖へ注ぐごく普通の川である。肥沃な水田が広がる流域の南側にポツンとある小高い山、これが姉川の古戦場の目印となる。合戦大勝利後、信長が名付けたというこの「勝山」は、徳川軍およそ五千の本陣が置かれたところである。信長はその後方に陣取っていた。

白熱する合戦の真最中、ひときわ目立った武者がいた。

「誰じゃ、あれは? あの旗指物《はたさしもの》はなんじゃ」

家康本陣のすぐ後ろに本陣を置いていた信長は

姉川古戦場標柱。左に姉川が流れる〈滋賀県長浜市〉

すぐに見つけた。

真っ赤な唐傘を高く掲げ金色の短冊を何枚もぶらさげている。短冊が日光にキラキラ反射して目立つことこの上ない。しかもそれを背負った武者が暴れること、強いこと。長槍を自在に操り、敵をなぎ倒していく。

「殿、徳川様の小笠原衆の一人、渡辺金太夫でござります」

信長は合戦後、金太夫に「日本一の槍の名人」の称号を与え、銘刀貞宗を授けた。

勝山から東へすぐの姉川河畔に「姉川古戦場」の大きな看板が立つなど、一帯にはゆかりの史跡が点在している。

姉川の合戦といえば、後世、家康四天王の一人、榊原康政の活躍が名を残す。だがあまり知られていないが、賤ケ岳《しずがたけ》の七本槍よりも早く、合戦勝利に大功あった「姉川七本槍」が称賛されたという。

その七人とは、家康麾下《きか》・小笠原長忠が兵の、伏木久内、中山是非之助、吉原又兵衛、林平六、伊

姉川の戦いで徳川家康が本陣を置いた勝山。姉川は写真右手に流れる〈滋賀県長浜市〉

達与兵衛、門奈左近右衛門、それに奮戦が際立った金太夫の七人である。

残念ながらその後、大名などに出世した者がなく、その名は忘れ去られていった。賤ヶ岳の方は、加藤・福島・脇坂・片桐などが武将・大名として栄進、後世に高名となったというわけである。

姉川合戦から四年後、ところは遠州・高天神城。「高天神城を制する者は遠州を制する」といわれるほど、家康・今川・武田の戦国大名がしのぎを削って奪い合った城である。

今は徳川の城、守るは小笠原長忠わずか一千。金太夫もその陣中を固めていた。そこに武田勝頼軍二万五千の大軍が襲来した。長忠は家康に、家康は信長に、援軍を求めるものの結局援軍は来ず。長忠はやむなく勝頼の降伏勧告を受け入れた。籠城兵の命は保障され、今後武田方となるも徳川にそのまま残るもよしという、ありがたき条件だった。この時金太夫は武田に下った。そのわけは不

高天神城下の金太夫屋敷跡。後方の山に高天神城跡がある〈静岡県掛川市〉

明である。

勝頼は父・信玄も抜けなかった高天神城の攻略を成し遂げ、金太夫らの将兵をも従えて甲斐へ凱旋した。

高天神城は決して比高のある山城ではないが、石垣を必要としない急峻な崖が周囲を覆っていて難攻不落をうかがわせる。今は、石段などが整備されて、合戦当時、金太夫が守備していたという搦《から》め手口(一三〇ページ参照)から意外と容易に登ることができる。

城跡の周囲の田園地帯を巡っていて思わぬところで金太夫に出会った。城跡の南側の水田地帯のため池の際に、おぉ、なんと「渡辺金太夫屋敷跡」の立札が。驚きとともに懐かしいというか、感慨ひとしおだった。

今は街並みや家屋敷の面影は何もない田園地帯となっているが、ここにあの金太夫が屋敷を持ち、家族とともに暮らしていたと想像すると、ほっと

桜樹三千本が覆う高遠城跡を北西側から遠望〈伊那市高遠町〉

して心がなごみ、嬉しさがこみ上げた。「一匹狼」「獰猛《どうもう》なもののふ」をイメージしていただけに、屋敷跡は意外だった。金太夫にぐっと親しみを覚えた。

改めて、高遠の三郎山へ墓参に行かねば。

武田勝頼

無念、信長との再決戦ならず

たけだ・かつより（一五四六〜一五八二）
戦国時代の武将。武田信玄の四男。母は諏訪頼重の娘。十七歳の時、伊那高遠城主に。信玄の死後は武田家の実質的家督を継ぐ。天正二（一五七四）年父信玄が落とせなかった遠江・高天神城を攻略するも、翌天正三年の長篠の合戦で織田・徳川軍に大敗。その後武田家再興復活に尽力するが、天正十（一五八二）年、信長・家康軍に侵攻され甲斐・天目山で自害、武田家滅亡となる。享年三十七。

勝頼の評判・イメージは悪い。父・信玄や信長と比較され、雲泥の差である。長篠の古戦場へ行くと、ひどいことに武田軍の陣地跡は「信玄台・信玄原」などと名付けられている。勝頼が総大将だったのに。

とはいえ、かくいう私も、
「勝頼家督相続→勝頼高天神城を攻略→勝頼有頂天となる→よって長篠合戦大敗北→以来自暴自棄・無策→高天神城救援せず陥落→武田方に離反者続出→武田滅亡」
という漠然とした流れで、勝頼を「愚将・凡将」と思い込んでいた。ドラマなどに登場する勝頼は傲慢・無能に描かれていたことが多く、その影響も大きかった。

一例を記すとこんな感じか。

長篠の合戦真っ只中、劣勢の状況を憂慮した重臣たちは口々に諫言《かんげん》する。
「殿、敵の柵と鉄砲にはきっと何か仕掛けがござりまする。ここは一旦攻めの中止の合図を」
「鉄砲なんぞ一度撃てばおしまいじゃ。恐れるこ

高天神城跡の搦め手門口〈静岡県掛川市〉

とはない。わが無敵の武田騎馬隊が柵の一つや二つ破れなくてどうする！」

一笑に付す愚将・勝頼。

ところが結果は惨敗。「無能な愚将」のイメージを決定づけているといってよい。

しかし、ほんとうに勝頼は愚かな凡将だったのだろうか。

静岡県掛川市の高天神城跡。今は城下町の面影なく、田園の中に浮かぶ山城跡だが、戦国時代は、「高天神を制するものは遠江を制す」といわれるほどの要の城で、信玄もついに抜くことができず、難攻不落を誇っていた。

だが信玄死去の翌年、これを勝頼は攻め落とした。

力攻めだけでなく、調略をも駆使しての攻略と聞いた信長は、

「若輩なれど油断できぬ勝頼、侮りがたし」

と強く警戒した。

長篠の合戦当初、勝頼が本陣を構えた医王寺〈愛知県新城市〉

この頃、信長が謙信に宛てた書状には、勝頼は「若輩に候といえども、信玄掟を守り、表裏たるべくの条、油断の儀なく候」と記されている。すなわち「若輩だが、表も裏もある人物だから油断はできない」と。

負けていなかった長篠合戦

信長は、長篠の合戦において慎重に慎重を重ね、石橋を何度も叩いて渡るほどの綿密な作戦で勝頼に相対した。

一、敵の三倍の兵力
二、数倍の鉄砲数
三、騎馬軍団を阻止する馬防柵
四、夜襲策
五、味方の裏切りという偽情報を流す

など、あらゆる手だてを案出して、対抗した。

一般には、長篠において勝頼は、無謀な突撃を再三命じたため、鉄砲でバタバタと撃たれ、武田軍は信長の陥穽《かんせい》にはまり壊滅したという印象であ

長篠古戦場に復元されている馬防柵。柵の後方が織田・徳川の陣地。右隅に第二東名高速道路が走る〈愛知県新城市〉

る。

合戦は午前六時に始まり、信長方は三倍もの大軍、三千挺の鉄砲を擁しての猛攻を続けた。本来なら数時間もあれば壊滅できるはずだ。しかしさにあらず、武田軍が完敗・潰走するまでに八～九時間、この間互角に戦い続けている。決してバタバタと撃たれ惨敗したわけではない。戦死傷者数は武田方およそ一万、織田・徳川方ほぼ六千というではないか。いかに合戦が激烈で、いかに武田が奮戦したかを如実に物語っている。

もし、後詰めの穴山隊など武田一門衆がいつもの定石通りの作戦で突撃していたならば…。いつもの武田軍団の合戦をしていたならば…。

勝頼の指令が、特に武田一門親戚衆へ行き届かなかったことが大きな敗因と考えられ、「勝頼は遮二無二突撃を命じたゆえ、みな鉄砲の餌食となり壊滅」というのは、やはり結果論からのイメージではなかろうか。

とはいえ、古戦場を歩くと、山県昌景、馬場信春、真田信綱・昌輝兄弟、内藤修理など、音に聞こえた猛将らの墓塔に次々と遭遇し、あまりの大敗の様相に改めて唖然とする。

勝頼は大敗を猛省した。そして武田軍団の根本的な再建策を練っている。たとえば…。

長篠合戦直後の家臣通達では、

「これからは鉄砲肝要。長槍よりも鉄砲を撃てる足軽を育てよ」

「弓鉄砲の鍛錬をしていない者を戦《いくさ》に連れて来てはいけない」と。

また、軍事の「各々ガ存ジヨリノ手立テ」を上申せよ、と家臣に意見具申を求め、さらに財務担当の御蔵前衆に諏訪の商人などを抜擢、財政の刷新をはかるなど、かつてない革新的な策を積極的に進めているのである。そして、家臣通達の第一条では、この準備は「来年尾張・美濃・三河へ進軍、信長と干戈《かんか》を交え武田家興亡の一戦をするがため」と明言している。勝頼は消沈するどころか、

巨岩の物見石が目を奪う上原城跡〈茅野市ちの上原〉

信長に復仇の大兵を起こさんとただならぬ決意をしている。

低姿勢の信長

そんな勝頼の動きを鋭く察知したのか、長篠合戦から二年後、なんと信長は勝頼に使者を送っているのである。

曰く、「長篠のことは水に流し和睦したい。そしてともに上杉を倒したならば北陸一帯は『勝頼公御支配モットモナリ』（甲陽軍鑑）」と。つまり信長は「北陸一帯を勝頼の支配に任せる」というのである。なんという信長の低姿勢か。

しかし勝頼は信長の提案を敢然と突っぱね、逆に上杉と和を結んだ。信長との再決戦を深く期していた勝頼としては筋の通った判断といえよう。

仮に信長と和を結んだとしても一時的のこと、いつの日か信長と全面対決して雌雄を決せねばならないのだ。この時の信長と絶縁した判断に対して、「勝頼は外交下手だった」などという論者もいるようだが、結果論からの評である。

しかし、状況は甘くなかった。上杉と結んだものの、東の隣国・北条とは離反となった。

信長との決戦に備えて天正八(一五八〇)年には、鉄砲玉十万発を準備していたのだが、翌年高天神城を家康に奪い返され、結局城兵を救援できず見殺しにした。このことが「勝頼無能論」に拍車をかけたといってもよい。

茅野市の上原城跡。眼下に諏訪平、彼方《かなた》には諏訪湖・杖突峠を望める。勝頼の祖父・諏訪頼重の居城であり、母・諏訪御料人の生まれたゆかり深い城だ。

天正十(一五八二)年二月、勝頼は木曽義昌が信長と通じたのを知り、上原城に出撃した。ところが「駿河の穴山梅雪謀反《むほん》」の急報が。

「なんと、義昌も穴山もわが親族衆ではないか」

かくして信州口から信長、駿河口から家康が攻め入ってきた。勝頼は上原城から撤退、さらに新府城を焼き捨て、躑躅ヶ崎館も灰にして天目山に追いつめられ、わずかな家臣・家族とともに自刃《じじん》し果てた。無残、無念としかいいようのない勝頼の最期、逃避行であった。

海音寺潮五郎氏は『武将列伝 武田勝頼』の中で、勝頼の最期についてこんな記述をしている。

「あまりに悲惨な事実がつづくので、ぼくは書き続けるのに気が重い。読者諸君だってそうにちがいないと思うが、ぼくはがまんして書いています。がまんして読んでいただきたい」

その心情、私にも痛いほど伝わってくる。

だが、勝頼の最期を守るため、敢然と立ちあがったもののふがいた。

「殿(勝頼)、ここはわれにお任せあれ、お早く」

土屋惣蔵昌恒は殿軍《しんがり》を引き受け、道幅のもっとも狭いところに立ちふさがった。藤のつるにつかまり片手で太刀を振るい、迫る敵を崖下に蹴落とした。これが「土屋惣蔵片手の千人斬り」である。

勝頼自刃の地という景徳院の「生害石」〈山梨県甲州市〉

もう一人、小宮山内膳友晴。友晴はかつて勝頼が追放、謹慎させた家臣。離反者相次ぐ中、勝頼の危機を知って逃げるどころか、

「最後のご奉公を」

と馳せ参じてきたのである。もはや勝頼の周囲は、四面楚歌《しめんそか》どころか草木皆兵《そうもくかいへい》のありさまだったというのに。

押し寄せる背腹の敵を、一方は小宮山友晴が、一方は土屋惣蔵が壁となって勝頼の最期の時をつくった。これを鳥居畑の戦いと呼び、古戦場碑が景徳院門前近くに立っている。ちなみに土屋惣蔵とは、長篠の合戦で馬防柵にしがみついてまで戦う執念を見せた武田二十四将の一人・土屋昌次の弟である。

勝頼最期の地となった山梨県甲州市大和の景徳院(口絵参照)の境内には、供養塔・自刃の地・辞世の句碑などが並び、哀しみを誘う。

勝頼の首級と飯田の地にて対面した際、信長は

法泉寺の勝頼首塚及び勝頼軍団戦没将士供養塔〈山梨県甲府市〉

こういったという。

「日本に隠れなき弓取りなれども、運が尽きさせ給いて…」と。

　勝頼の将器を十分に評価していたのである。信長との再決戦までもう少しだったのに。もう一度、勝頼と信長の大会戦、「見たかった」などというは不謹慎か。

　なお、勝頼の墓所は景徳院だけではない。甲府市内の大泉寺では信虎・信玄と墓塔を並べ、また紀伊高野山奥の院の墓所では信玄の隣に墓塔が立っている。さらに、甲府市内和田の法泉寺には、京に晒《さら》された勝頼の首級（髪歯とも）を当時の住職がもらい受け境内に埋納した墓所があり、その富士がよく見える高台の地に勝頼は眠っている。

織田信忠

若き智将、もし存命ならば

おだ・のぶただ（一五五七〜一五八二）
戦国〜安土桃山時代の武将。織田信長の嫡子。幼名奇妙丸。十六歳の時、小谷城攻めで初陣。以来各合戦に父とともに出陣。天正三（一五七五）年信長より家督を譲り受け、翌年信長が安土城へ入ると岐阜城を与えられる。天正十（一五八二）年、武田攻めの総大将となる。高遠城攻城戦では自ら太刀を振るって奮戦、高遠城を攻落。その後武田を滅ぼす。しかし本能寺の変で父を助けんとしたが果たせず自刃《じじん》。享年二十六。

「信長は嫡子・信忠が、家康の嫡子・信康と比べ暗愚で見劣りしたため、信忠の将来を危惧、家康に難癖《なんくせ》をつけて信康を自刃に追い込んだ…」という説がかつてかなり流布したという。

私もその影響か、信忠をなんとなく理由もなく軽視していた。だが改めて信忠の生涯を追っていくと、暗愚の事例などはまったく見当たらない。逆に信忠は尊大なる父・信長に決して恐懼《きょうく》することなく、自分を律して成長していったように思える。どうしてどうして、なかなか堂々たる二代目で、若くして亡くなったことがきわめて残念である。

信忠がその存在感を天下江湖《てんかこうこ》に示したのは岩村城（岐阜県恵那市）攻めの総大将を命ぜられた時である。弱冠十九歳。

岩村城は岐阜城から東へ五〇キロほど、美濃国内に突き出た武田方のこの城は織田にとってまさに喉元に刃、目の上のたんこぶ的な存在だった。

天嶮《てんけん》の要害に拠る武田方の宿将・秋山信友の守りは堅く信忠は攻めあぐんだ。

しかし攻防半年、信忠は敵の奇襲攻撃を見抜き、逆に「奇襲」、武田軍を撃退して千百余りの首級を挙げ、城主・秋山信友を下し岩村城を開城させた。千軍万馬の猛将・滝川一益や森長可《ながよし》などの配下の将に支えられての攻城戦だったとはいえ、その才をよく発揮した。この年（天正三年）の暮れ、信忠は家督を正式に信長から譲り受けた。

信忠が攻落した岩村城。立札に「本能寺の変八十日前に信長が泊まる」とある〈岐阜県恵那市〉

そして、岩村城攻めから八年、武田攻めにおける高遠城攻城戦で信忠は、敵味方ともに舌を巻く剛勇ぶりを発揮する。

「深追いをするな」という信長の命を聞き流し、信忠は信濃に入ると飯田城・大島城などの伊那谷の城を次々と抜き疾風のごとく進撃した。三月一日、信忠は高遠城を見聞。

『信長公記』は次のように記す。

「中将信忠卿、仁科五郎楯籠リ候高遠の城、川ヨリコナタ高山へ懸ケ上ゲサセラレ、御敵城ノ振舞ノ様子御見下…」

信忠が高遠城を望んだ高山とはどこか定かでないが、城の北方の高台あたりからだとかなり城内の様子も確認できたと思われる。

大軍を擁していることもあり、信忠は見聞した翌日総攻撃を開始した。城方へ送った使者の耳をそぎ落とされて突き返されたことに、怒り心頭、「おのれ、盛信！覚悟せい」

高遠城跡を西から遠望。中央の森が城跡。手前に三峰川が流れる〈伊那市高遠町〉

「信忠御自身、御道具ヲ持タレ先ヲ争ッテ、塀際ヘツケラレ、柵ヲ引キ破リ、塀ノ上ヘアガラセラレ…」（『信長公記』）

なんと三万の大軍を率いる総大将が陣頭に立ち、自ら刀槍を振るって兵卒らと競って塀の上に駆け上がり、城内に討ち入ったというのである。

しかし、高遠勢の抵抗は激しかった。信玄が子・仁科五郎盛信の決死の抵抗に対して信長嫡子の信忠の猛攻撃、両若大将どうしが前線でぶつかるまさに修羅の戦場だった。

大軍を次々と繰り出し、城兵およそ三千をついに全滅させ、城を一日で落とした。戦勝後、さすがの信長も息子の力闘ぶりを耳にしてよほど嬉しかったのだろうか。「天下の儀」すなわち天下支配の権も信忠に譲ろうというほどだった。

武田攻略後の論功行賞では、信忠麾下《きか》の寄騎衆に群を抜いて厚かった。

森長可は北信濃四郡、毛利長秀は伊那郡、川尻秀隆はほぼ甲斐一国を与えられた。いかに信忠麾下の働きが卓抜していたかを物語っている。

逃げない最期

だが、無念なり。数ヶ月後、信忠は本能寺の変にて落命する。

信忠は事件の日、当時の本能寺から北へ五〇〇メートルほどの妙覚寺(当時)を宿所としていた。

急報を聞いた信忠は、ただちに本能寺へ駆け付けんとすると、そこへ村井貞勝が飛び込んできた。

「もはや本能寺は焼け落ち、敵は必ずここへ攻め寄せてきます。ここより、二条の新御所(中京区)の方が立てこもりやすいと思いまする」と進言。

「ならば」と、二条御所へ移動した信忠は、御所にいた誠仁《さねひと》親王(正親町《おおぎまち》天皇皇子)と和仁《かずひと》親王(誠仁親王皇子、後の後陽成天皇)を沈着に館から逃し終えた。

「若殿、ここはわれらにお任せあれ、落ちて大殿の仇を必ずや…」

この時、信忠は再起をはかるよう、側近らに強く勧められたという。だが信忠は、「逃げて途中で討ち取られることこそ不本意じゃ」と意を決していた。

そうこうしているうちに攻め寄せてきた明智勢は、隣接する屋敷の屋根に上り、御所を見下ろす位置から弓と鉄砲での猛攻撃、信忠方は追いつめられた。ついに明智勢が御所の中へと突入し、建物に放火。

死を決した信忠の最期は鬼気森然たるものだった。

「信忠一番に斬って出て、面に進む兵十七、八人これを斬り伏す」

「信忠、真中に斬って入り……一太刀の奥義を尽くし、斬って廻り、薙ぎ伏す」

だが多勢に無勢、信忠ついに自刃《じじん》、機才と勇猛に富んだ若大将だったのに。

中京区の二条御所の跡は、マンガミュージアム(旧龍池小学校)西側の両替町通りに、「此附近二

信忠が憤死した二条殿(二条御所)址碑〈京都市中京区〉

条殿址」の石標がひっそり立っているのみで、往時をしのぶ遺構などは何も残っていない。

叔父の織田有楽斎長益はこの時、死地を脱している。かの家康なんぞは伊賀逃避行をしている。信忠も逃れる術は十分あったろうに。信忠の潔さが何か悔やまれる。

信忠の首級もまた信長同様見つからなかったという。阿弥陀寺(上京区寺町)の清玉《せいぎょく》上人は、信長が討たれたと知ると、自ら現地に赴いて信長の遺灰を持ち帰って墓を築き、信忠の遺灰も二条御所より拾い集めて、その隣に墓をなしたという。さらに本能寺での犠牲者大勢も、阿弥陀寺に葬って供養した。

かつて上人は織田家に命を救われた恩があった。尾張の国にての道中、産気づいた上人の母親を織田家中の者が介抱しこれを助けたが、母親はすぐに亡くなってしまった。まだ赤子だった上人を織田家の者がその後大切に育て、阿弥陀寺の住

阿弥陀寺門前に立つ「織田信長公本廟」と刻まれている石柱〈京都市上京区〉

職になるほどに成長させたというのだ。

　織田家に強い恩を感じていた上人は、光秀にも遺灰を渡さず、また秀吉が自らの栄華のための信長法要を阿弥陀寺で行うことも断ったという。

「織田信長公本廟」と大書された碑が門前に立つ阿弥陀寺は、当時の本能寺から北へ三キロほどの寺町通りにある。信忠はそこの父の隣に眠っている。墓前に「織田信長信忠討死衆墓所」とあり、左手には森蘭丸・坊丸・力丸三兄弟の墓も並んでいる。


　信忠の武辺《ぶへん》話ばかりを述べてきたが、決して武勇一辺倒の男ではなかった。

　能狂言にも練達していて群集の前で上演できるほどの熟達ぶりだったという。あまりの執心する姿に父・信長からひどく叱責されたともいわれる。しかし信忠は意に介さずうまく受け流していたようで、なかなかの快男児でもあった。

　また、勇猛の武将とは思えぬ純愛な話も。

なんと武田滅亡後、会うことのなかった政略結

阿弥陀寺の信忠・信長墓所〈京都市上京区〉

婚での婚約者・松姫（信玄娘）とは、しばしば文が交わされていたというのだ。そして武蔵国に暮らしていた松姫を岐阜へ呼び寄せようとしたその矢先の本能寺の変、二人は生涯会うことはなかった。信忠二十六歳、松姫二十二歳だった。

歴史の禁句「もし・たら・れば」をあえて、この際。

もし信忠が生きていたならば、清洲会議で信忠の嫡子・三法師が後継者となったことからも、山崎の合戦が秀吉勝利のままの結果であったとしても、信忠は信長の後継者として光彩を放っていたことだろう。信忠はそれだけの器量・度量を十分有していたように思える。秀吉は織田の重臣に列したであろうが、その後の天下人は…、関ヶ原は…。

無念である。

二木重高　小笠原家を支え続けた生涯

ふたつぎ・しげたか（十六世紀中期～後期）
戦国時代の武将。信濃国守護・小笠原長時に仕えた梓川・中塔城主。後に武田信玄、そして再び小笠原氏に従う。天文十九（一五五〇）年の信玄と長時が戦った野々宮（松本市梓川倭）の合戦で長時を支え、戦後長時を中塔城に招き入れ籠城《ろうじょう》して抗戦する。しかし長時が信濃を退去すると武田に帰参。武田滅亡後、長時の子・貞慶に仕え、松本城主復活に尽力した。子孫は小笠原家の家老職に列した。

「殿、わが方はいまだ負けてはおりませぬぞ。わが手勢は中塔城にも精鋭が控えておりまするゆえ」

「…重高、わしはもはや…」

「今日の殿は目を見張る戦いぶりでございましたぞ、まだまだ」

重高は意気消沈する長時を盛んに励まし、中塔城へ招き入れた。

この日の野々宮の合戦で、長時は自ら陣頭に立ち、際立った戦いぶりを示した。敵の首級を十八も挙げ、味方は敵兵三百を討ち取り、武田勢を潰走させたのだ。

しかし敵兵の中には、かつて長時に従っていた地元信濃の将兵たちが目立った。信濃の武士たちはしだいに武田の傘下に下っていたのだ。勝ったとはいえそれが長時の意気を阻喪《そそう》させていた。

だが重高は長時を鼓舞激励して自らの城へ導き、武田との抗戦続行を促した。

野々宮の古戦場は現在の松本市梓川と安曇野市

野々宮神社に立つ「野々宮合戦場址」の標柱〈松本市梓川倭〉

三郷あたり、野々宮神社が鎮座する周辺一帯といえようか。今は肥沃な水田や畑地が広がる中に住宅が点在するのどかな田園地帯である。古社・野々宮神社正面の鳥居脇に立つ「史蹟武田氏小笠原氏野々宮合戦場址」と記された標柱が、古戦場の往時をしのばせる。長時が身を寄せた重高の詰め城・中塔城はここから西へ三キロほどの山城で、古戦場から遠望できる。

二木氏は、もともとは小笠原氏の傍流で、十五世紀中頃に二木姓を与えられ安曇平に支配地を分与されていたという。同じ頃、本家の小笠原氏は林城（松本市里山辺）を築城、以来およそ百年、ここに居城を構え信濃守護として近隣に覇を唱え繁栄した。

居城の林城跡へ登ると、堀切や土橋、主郭を囲む土塁や馬場などの遺構を見ることができる。眼下に薄川が流れ、松本市街から松本平、北アルプスも一望できる。また山麓西の街並みに城下町の面影が残り、かつての小笠原氏の威勢が残存している。

林城跡。小笠原氏が 100 年近く居城とした〈松本市里山辺〉

里山というより山岳に近い山にある中塔城跡〈松本市梓川梓〉

重高は天文十（一五四一）年、小笠原家当主の座に就いた長時に仕えた。

ところが天文十七（一五四八）年、信玄の信濃侵攻による塩尻峠の戦いが起こり、長時方は惨敗。二年後には林城も追われ、小笠原家の威権は一気に失墜した。長時は城を出て各地を流浪したが、重高は援助し続け、武田に服さなかったという。

天文十九（一五五〇）年、劣勢挽回をはかった野々宮の合戦だったが、合戦には勝ったものの中南信の土豪たちが武田に服する傾向はほとんど変わらなかった。

だが長時は、重高に支えられ中塔城に立てこもって武田勢と戦った。城兵は意気高く、籠城戦は半年にも及び容易に落ちなかった。

その間信玄の降伏勧告を頑《がん》として拒否し続けた長時だったが、北信の村上義清の援軍もついになく、長時は城を脱出、越後の上杉謙信を頼った。

城を去るにあたって長時は、これまでの重高の忠節に深謝、「必ずや復帰する。その時まで武田に仕え待っていてくれ」といい残したという。重高との信頼関係が強かったのだ。この時、重高もともに逃れたともいわれるが詳細は不明である。

　山城の中塔城は松本平を東流する黒沢川上流の南側にそびえ、比高四〇〇メートル余と急峻である。城の遺構は残っているようだが、私は残念ながら登れなかった。

重高に謀反の疑い？

　その後重高は信玄に帰参した。多くの信濃衆は早々に臣従するか、または誅殺されていた。重高は覚悟を決めていた。しかし長時に忠義を貫き武田に抵抗した重高を逆に評価したのか、信玄は処刑しなかった。

　当時のこんな逸話が残っている。

　松本平の南、洗馬の豪族三村氏が「重高に叛意あり。二木一族は、小笠原長時をひそかに府中（松本）に招き、主家再興を目論んでいる」と信玄に密告した時のこと。ただちに信玄は重高の甲府出頭を命じた。一族は、「行けば殺されるだけ。中塔城に立てこもり武田と一戦すべき」と、重高の出頭に反対する者が多かった。

　しかし重高は「それではまちがいなく一族全滅だ。潔白の申し開きをして運を天に任せる」と、甲府へ向かった。

　重高は武田家重臣の前で、三村氏と対決、「長時様の居所さえわからぬに、何を持って謀反をいうか、挙兵などできるわけがない」と、身の潔白を主張、信玄はついに不問に付したという。

　ところが実はひそかに武田への反抗を策していたのは三村氏だった。後に三村氏が武田に反旗を翻した時、重高は即座に武田方に味方するため府中へ一族郎党を引き連れて駆け付け、忠節を示したという。

　古書によって経過記述などに異同があって詳細は不明だが、結局三村氏の叛意が明らかとなり、当主・長親以下は甲府に出頭を命ぜられ一族二百

重高が勧請したといわれる三柱神社〈安曇野市三郷〉

余人が誅殺されたという。

長時にも、また武田にも忠節を示した重高の生涯は、当時の地方の豪族の生きざまをよく物語っている。重高の没年は不明だが、嫡子の重吉もまたよく父の心意を汲み取り、武田滅び、織田急逝の後も、動乱の信州で長時の嫡子・貞慶をもりたて、府中の城主に返り咲くために尽力した。

重吉は後に、貞慶の子で松本八万石藩主となった秀政のもとで家老職に栄進している。この間の小笠原氏・二木氏などの動向をよく伝える史書『二木家記』は、小笠原秀政が重吉（二木寿斎）に命じて著された書である。

ちなみに、安曇野市三郷のかつて二木郷と呼ばれていた地に鎮座する三柱《みはしら》神社は、重高が勧請したとも伝えられ、源新羅三郎義光《みなもとのしんらさぶろうよしみつ》を祭神としている。義光は、二木氏、小笠原氏、そして武田氏の祖にあたる。境内にはその義光の、名高い「笙《しょう》の

大龍寺の小笠原長時墓所〈福島県会津若松市〉

秘曲を伝授する」逸話の場面の銅像が立てられている。

最後に、重高が生涯、支援・激励し続けた小笠原長時のその後について。

長時は信濃に戻ることなく、会津若松の芦名氏のもとで客分のように庇護されていたが、天正十一（一五八三）年二月死去、会津若松市の白虎隊で名高い飯盛《いいもり》山近くの大龍寺に眠っている。重高もほぼ同じ頃に死去したと思われる。

小笠原貞慶　「松本城」と命名、小笠原家を再興

おがさわら・さだよし（一五四六〜一五九五）
戦国〜安土桃山時代の武将。深志城を「松本城」と名付けたといわれる松本城主。信玄の信濃侵攻で父・長時とともに信濃を追われ流転したが信長死後、家康の支援を得て三十年ぶりに信濃へ復帰、筑摩・安曇の支配に尽力する。その後秀吉に臣従、家督を嫡子・秀政に譲る。天正十八（一五九〇）年家康の関東国替えで秀政とともに下総・古河藩へ。古河にて逝去。享年五十。

「やっと小笠原の殿が帰ってくるのじゃなぁ」
「待ちわびたのう…」
口々にこんな会話を交わしながらその日、阿禮《あれい》神社（塩尻市）に続々集まってくる武士たちの表情は生気に満ちていた。

天正十（一五八二）年夏、貞慶はかつて小笠原家に与《くみ》していた南信濃や安曇・筑摩郡の有力武士たちに書状にて積極的に所領安堵と新知を宛行《あてが》い恩賞を約定した。そして貞慶は旧領を奪還するため家康の支援を得て、三河から伊那谷に入り、下条頼安や藤沢頼親の兵を率いて阿禮神社に着陣、諸将は大歓声にて貞慶を迎えた。

広い境内に鬱蒼《うっそう》と樹木が生い茂る旧中山道沿いの阿禮神社は、諏訪・木曽・安曇のほぼ真ん中に位置し、中南信の豪族たちが集結しやすい場所に位置している。往古の時代には坂上田村麻呂、木曽義仲が出陣に際しこの神社で戦勝祈願したと伝えられ、貞慶もその故事に倣《なら》ったのだろう。

時の深志城主は貞慶の叔父・小笠原貞種だったが越後上杉方のいうがままで、地元の豪族・土豪

貞慶が決起した阿禮神社〈塩尻市塩尻町〉

たちは不満を募らせていた。そこにかつての小笠原家当主だった長時の嫡子・貞慶が登場したのだ。

貞慶の勢いに恐れをなした貞種ら上杉勢は、さしたる抵抗もせず城を捨て敗走、かくして貞慶は深志城を奪還、城の名を深志城から「松本城」と改め、晴れて三十年ぶりに旧領回復、城主に返り咲いたのである。

「待つ（松）事久しくして本懐を遂ぐ」との貞慶の述懐が改名の由来といわれている。

話さかのぼって。

信玄に信濃を追われた後、長時・貞慶父子の足跡は、別々の行動だったともいわれるが、はっきりしない。貞慶は成人した頃京都の三好長慶の庇護を受け、その後は信長に従っていたともいう。

だが武田を滅ぼした後、信長は小笠原旧領を武田攻めで大功あった木曽義昌に与えた。

貞慶は波田の金松寺にかつての小笠原譜代衆を集め、信長のいる諏訪法華寺へ駆けつけたが、「目

隆岩寺の貞慶墓所〈茨城県古河市〉

通り罷《まか》りならず」と涙を飲んだ。

ところが数ヶ月後、信長急逝。

おそらくこの時、貞慶は京にいたと思われるが、ただちに三河・家康のもとへ走った。そして嫡子・貞政（後の秀政）を人質として預け、信濃に急行。信長死後、無主動乱の地と化していた信濃の状況は、貞慶にとって勢力復活の願ってもない好機だった。貞慶の生涯でもっとも冴えた決断だったといえようか。

そしてついに阿禮神社にて、「信濃・小笠原」復活の旗を高く掲げたのである。しかしそれはまた、貞慶の次なる艱苦《かんく》の始まりでもあった。

青柳頼長を謀殺

北からの執拗な上杉の侵攻は松本北部の麻績・会田まで及び、また南の木曽義昌はかつて信長より与えられた安曇・筑摩支配の復活を画策していた。南北の敵に挟撃されながらも貞慶は、精力的に自領の支配権を固めんと力を尽くし、天正十

（一五八二）年から十四年にかけては、特に領内の人心収攬《しゅうらん》に腐心した。

小笠原旧臣で上杉とのつながりを疑った日岐《ひき》城（生坂村）の日岐氏、千見《せんみ》城（大町市美麻）の大日方《おびなた》氏、小岩嶽城（安曇野市穂高有明）の古厩《ふるまや》氏などは厳しく処断した。

さらに「天正十一（一五八三）年、小笠原貞慶の臣赤沢式部少輔・古厩因幡守・塔原三河守等、謀叛を企つ、是日、貞慶、式部少輔をして自殺せしむ、尋いで、因幡守・三河守をも誘殺す」（『信濃史料』）

かくのごとく、かなり身近な家臣をも処断している。特に上杉対策においては貞慶に協力的だったと思える麻績（麻績村）の青柳城主・青柳頼長を、平時の状況を装って松本城へ出仕させ、これを謀殺している。頼長が上杉に与《くみ》するなんらかの証拠を掴んだのかもしれないが、不可解な事件といえる。

貞慶はひどく猜疑心の強い性格だったともいわれている。しかし、武田信玄や毛利元就《もとなり》をはじめとして戦国大名には似たような事例はきわめて多く、非難はできない。

反面貞慶は、中塔城（松本市梓川）の二木氏や犬甘《いぬかい》城（松本市蟻ケ崎）の犬甘氏などを家臣として重用し、支配体制を固めていたのも確かである。戦国大名の家臣への気遣いは並大抵でないことを物語る。

そしてまた、貞慶を困惑させるやっかいな事件が勃発した。

「な、なに、数正殿が大坂方に奔《はし》ったと？　何ゆえ…」

天正十三（一五八五）年、嫡子・貞政を人質として預けていた家康の重臣・石川数正が、なんと一族郎党、貞政をも引き連れ大坂に出奔したというのだ。

家康と秀吉の間に挟まれ、難しい選択を迫られた貞慶は迷いに迷った末、秀吉の下に身を投じた。

これまた戦国の世の習いとはいえ、独立独歩の生き方がいかに難しいか、貞慶の苦悩は戦国の世なれば当然、現代においても察するにあまりある状況といえようか。

この間貞慶は、秀吉の命に従い松本から出陣して、家康方の南信・高遠城の保科正直を攻めたものの、鉾持桟道《ほこじさんどう》の戦いでは苦杯をなめている。

ところがまた一転、小牧・長久手の戦い後、秀吉・家康が和すると、秀吉は貞慶に再び家康の配下となるよう命じたのである。

まさに大海に浮かぶ木の葉のごとく、貞慶は翻弄される。

そんな中、天正十七（一五八九）年、嫡子・貞政が秀吉から一字を拝領して「秀政」と名乗り、家康の孫娘・登久姫を妻室として迎えた。ようやくというべきか、貞慶と家康との関係は修復され親密を帯びた。その年貞慶は家督を秀政に譲った。

翌年の小田原攻めには貞慶・秀政父子ともに出陣、功を認められ、秀政支配の松本領とは別に、貞慶は四国・讃岐に三万石の領国を与えられた。ところが数年後、貞慶が、先の讃岐領主で改易されていた尾藤知宣《とものぶ》を庇護したことが秀吉の逆鱗《げきりん》に触れ、貞慶は改易されてしまうのである。尾藤氏はかつて父・長時に仕えていたこともあり、温情を施したのだと思われるが…。

その後秀吉は、松本の秀政に対して、関東の下総・古河《こが》三万石への転封を命じた。家康の配下、いや親族ともなれば致し方ない。

「そうか、家康殿の関東へ行けというのか、古河？古河とはどこじゃ？」

貞慶は改易の身を秀政のもとで隠居・保護されていた。父子にとって八年間、血をにじませて築き上げた松本の地を去るのは「無念…」の一言だったに違いない。貞慶のため息が聞こえてきそうである。

貞慶はその五年後古河にて逝去した。享年

古河城本丸跡の標柱〈茨城県古河市〉

五十。

それにしてもなんという峻烈《しゅんれつ》な生涯だったことか。

貞慶は古河市街の、秀政が開基した古刹・隆岩寺に眠っている。この寺は秀政が妻室・登久姫の父・信康（家康長男）のために開基した寺である。

古河は江戸時代に日光街道の宿場として繁栄した。古河城跡は渡良瀬川の氾濫や流路の大規模工事によって変遷し、「古河城本丸跡」の標柱が渡良瀬川の堤防上に立っているのみで本丸の痕跡は残っていない。

貞慶死して十八年後、秀政は晴れて松本城主に返り咲く。しかし、大坂の陣にて戦死。家督を継いだ貞慶の孫となる忠政（後の忠真）は、千辛万苦《せんしんばんく》を重ねた祖父・貞慶と、大坂で戦死した父・兄の供養塔を、浅間温泉御殿山の高台に並べて立てた。今は静かな林の中にたたずむようにある。かつては廟所の覆いが建立されていたという。

孫の忠真によって御殿山に祀られた貞慶の供養塔（中央）。左が秀政、右は忠脩〈松本市浅間温泉〉

芋川親正

「反森、反織田」を貫くも…

いもかわ・ちかまさ（一五三九～一六〇八）
戦国～江戸時代初期の北信濃の武将。当初武田氏に属したが武田氏滅亡後、信州を制した信長の家臣・森長可《ながよし》による北信濃支配に反発、上杉に与《くみ》し一揆を決起する。当初劣勢だったが信長急死で長可が美濃へ退去すると北信濃を上杉が支配、親正は牧之島城主（長野市信州新町）に任ぜられる。その後上杉の会津移封に随従、白河小峰城主（城代）となる。上杉家臣として死去。享年七十。

「いもかわ？ いもかわちかまさ？ 誰だ、それ？」

いささか歴史通を称する信州出身の友人でさえ、こうのたまうほど、信州人にもほとんどなじみのない親正である。しかし、特に北信濃の人たちには記憶に留めてほしいと願う武将といえようか。

華々しい活躍はない。

上杉・武田・織田などの有力武将に挟まれながら命を賭して地元の地侍・農民のために、いや、地侍・農民とともに生き抜いたもののふであった。


しなの鉄道北しなの線牟礼《むれ》駅近くの国道一八号線から県道六〇号長野荒瀬原線を北へしばらく行くと、周囲の山々が低く、空が広くなり盆地を感じさせない平地が目の前に現われる。ここが飯綱町芋川の地で、親正が領していたところである。豊かな田畑の広がる平地のほぼ中央に、親正の居館跡が今は妙福寺の境内となって残っている。

館から北へ三キロほど行くと、芋川氏の代々の居城・若宮城が、さらに北へ七～八キロ足を伸ばすと、

芋川氏館跡。現在の妙福寺境内〈飯綱町芋川〉

そこは上杉の越後国境に接している。逆に南は、千曲川を越え二〇キロ余で武田の拠点・海津（松代）城に至る。戦国の世を生き抜く親正は、武田・上杉の巨大勢力に挟まれ、常にその去就は難しい立場に晒されていたことは想像に難くない。

だが、謙信・信玄がしのぎを削った川中島合戦当時の親正の具体的な動静はあまりはっきりしない。数少ない史料として永禄十二（一五六九）年、親正が受け取った「雪が消えれば越後勢が攻めて来るのでそれまで境を守っていてほしい」という内容の信玄からの書状が残っている。あの激戦の第四次川中島合戦から八年後である。

北信濃一帯はほとんど信玄の支配下になっていたのだろう。芋川一族は、対上杉の武田側の最前線だったことがうかがえる。

信玄死して勝頼の代となり、さらに武田が滅び北信濃に織田の支配が及んだ天正十（一五八二）年春、親正は織田方に従わず上杉に与《くみ》した。海津城

大倉城跡を遠望。手前に鳥居川が流れる〈長野市豊野町〉

に入城した信長家臣で、「鬼武蔵」の異名を持つ森長可《ながよし》の統治に強く反発したのである。同年四月、親正は領内の一向宗門徒や「反織田・反森」を掲げる地侍・国人を結集、およそ八千の兵を擁して大倉城(長野市豊野)に拠り決起した。近くの長沼城(長野市穂保《ほやす》)主の島津忠直も親正に連動して同心した。

親正はまず、守備を手薄とみた飯山城(飯山市)を攻めたが、長可も即座に動いたため、大倉城に引き返した。だが大倉城は堀や土塁が堅固でないため、長沼城へ向かったものの、同城はすでに長可方に占拠されており、ここで両者は衝突、親正勢は敗走して大倉城に入った。芋川勢八千というが、残念ながら多くは戦《いくさ》に不慣れ、対して長可勢は歴戦の戦士であった。

長可の追撃は激しく急で手を緩めなかった。包囲することもなくそのまま城内まで殺到して攻め込んできた。一揆勢は籠城していた女子供までも虐殺された。また長可方の執拗な残党狩りによっ

大倉城本郭に立つ戦死者慰霊碑〈長野市豊野町〉

て、二千五百余の首級が討たれた。『信長公記』には、「大倉の古城にて女童千余、切り捨つる」と記されている。

一揆勢は森軍に壊滅的打撃を受け瓦解、親正は越後の上杉を頼って落ち延びた。

大倉城の山城跡に登った。善光寺平の眺望はよく、千曲川の川筋も見える。北斜面はかなり険しい崖となっているが、南の斜面は概してなだらかで堅固とはいえず親正も拠る城の選択を誤った感がある。本郭に「落城四百年祭」と新たに刻まれた石碑が立てられていた。阿鼻叫喚《あびきょうかん》だった往時をしのべば、親正も断腸の思いで越後へ落ち延びたことだろう。

好機出来するも…

翌月になっても長可の攻撃は続行され、春日山城近くまで侵攻してきた。だが、親正らに反攻の好機が到来した。六月、本能寺の変の勃発で、長

猿ヶ馬場峠。左側は聖湖〈千曲市・麻績村〉

可は急遽陣をたたみ、越後から撤退を始めた。ここで形勢は一気に逆転した。

北信濃の農民ら数百人を人質にして自らの本拠・美濃に逃亡をはかる長可。海津城から善光寺街道を南へ逃亡をはかった。

「そうはさせん！」と追撃する親正勢。

「人質を返せ！」

「寄るな、来るな！」

迫る親正、人質を盾にジリジリ後退する長可。息の詰まるにらみ合いが続き、双方の間でギリギリの折衝と小競り合いが繰り返された。

そして、ついに善光寺街道の猿ヶ馬場峠〈麻績村・千曲市〉で衝突・激戦となった。峠の東側は急峻で、峠の頂には聖湖が水をたたえている。

長可はここで人質の多くを斬り捨て南へ走った。残った人質は府中・松本あたりまで引き連れここで斬り捨て、美濃へ遁走《とんそう》したという。親正の落胆は大きかった。大倉城でも、猿ヶ馬場峠でも多くの民を救えず殺してしまった。まさに悪夢の

牧之島城跡。三日月堀や丸馬出しなどが残っている〈長野市信州新町〉

三ヶ月であった。

ただ北信濃から織田の勢力が一掃され、上杉の支配となって一時的な平穏が回復した。しかし、休む暇もなく今度は家康の後押しを得た松本城の小笠原貞慶が北信濃をうかがってきた。親正は牧之島城(長野市信州新町)で四千石余を与えられ、小笠原の動きに対処、二年後の麻績付近での合戦では、これを撃退している。

そして八年後、秀吉の天下統一支配が固まると、あるじ上杉景勝は、秀吉から会津へ国替えを命ぜられた。親正はじめ上杉の家臣は地元に留まるか、会津へ移るかの選択を迫られた。親正は故郷・芋川の地を離れ、上杉家臣として会津へ向かった。悪夢の信州から逃れたかったのかもしれない。

会津にて外様の家臣ながら、親正は上杉領内の白河小峰城(福島県白河市)六千石の城主に、その後大森城(福島県福島市)主に任じられている。そして七十歳にて死去。大海に浮かぶ小舟のごとく

親正が城主（城代）に任ぜられた小峰城。現在は江戸時代に築造された天守風の三重櫓が復元されている〈福島県白河市〉

戦国の世に翻弄されながらも懸命に生きた親正だった。

ちなみに、親正死して六十五年後の江戸時代半ば、上杉藩の改革藩主として世に名高い上杉鷹山《ようざん》に対して、藩の重臣たちが真っ向から異を唱えたいわゆる「七家騒動」が勃発した。その七家の一人に、親正子孫の「芋川延親」が名を連ねている。上杉藩の重臣として、芋川家は代々重きをなしていたのである。

第三章　江戸の始まりから幕末

薄田兼相（岩見重太郎）　天下無双の豪傑の最期とは

すすきだ・かねすけ（?～一六一五）

戦国～江戸時代初期の武将。出身は不明。通称、薄田隼人正《はやとのしょう》兼相という。「狒々《ひひ》退治」で名高い剣豪・岩見重太郎と同一人物ともいわれる。重太郎は小早川隆景家臣だった父・岩見重左衛門の仇討ちで全国を巡る途中、南信濃山中で「狒々退治」をしたという伝説が残る。その後いつ薄田姓を名乗り、豊臣に仕えたのかなどは不明。剛勇を期待されたが大坂冬の陣では活躍なく、夏の陣の道明寺の戦いで奮戦、壮烈な死を遂げる。

飯田市街から西山への登り道を行く。風越山の山麓となる飯田市上郷の野底山森林公園の一角に、こぢんまりした姫宮神社が太い杉木立の中にひっそりと鎮座している。この神社に、「岩見重太郎の狒々《ひひ》退治伝説」が伝えられている。狒々などという怪物は想像上の産物だが、巨大な猿のイメージか。幼い頃に手にした絵本の中の怖い狒々の顔はいまだ脳裏に焼き付いている。

物語はこうである。

野底山の姫宮神社は人里離れた山奥に鎮座する。年に一度の祭礼に年頃の村の娘を狒々に人身御供《ひとみごくう》として差し出すのが例になっていた。祭りの前日に白羽の矢が立った家が、その娘を差し出さなければ、その年は狒々に村中の田畑を荒らされ不作となる。

矢の立った家で親娘《おやこ》が涙していたところに武者修行中の岩見重太郎が通りかかった。

「あいわかった、拙者が娘御《むすめご》に代わり退治して進ぜよう」

姫宮神社〈飯田市上郷黒田〉

野里住吉神社〈大阪市西淀川区〉

重太郎は白木の箱に入って人身御供に成り代わり山奥のお宮へ。

深夜巨大な黒い怪物が……。

瞬時に重太郎は狒々を突き刺し、これを倒した。以後姫宮の人身御供はなくなったそうな。


信州には、奥州遠征の途中、坂上田村麻呂が魏石鬼《ぎしき》八面大王を退治したという類似した伝説が安曇平に残っているが、これはかなり流布されている有名な話。しかし、岩見重太郎伝説は信州においてもほとんど知られていないといってよい。

だが、似たような重太郎の伝説は、全国に散見できるようだ。

大阪市西淀川区の野里住吉神社に、信州の姫宮神社とほぼ同じ話が伝えられている。ここの伝説では、重太郎は女性の身代わりとして唐櫃《からびつ》の中に入っていた。翌日村人たちが行くと、唐櫃の中に巨大な狒々の死体が横たわっていたという。

天橋立の「岩見重太郎仇討ちの場」碑。後方の森の向こう側は宮津湾〈京都府宮津市〉

天橋立の大仇討ち

風光明媚《ふうこうめいび》な天橋立（京都府宮津市）の松林の道を歩いて行くと、重太郎の天橋立仇討ちの立派な碑があり、そのいきさつが記されている。

この地で重太郎は、ついに探し求めた父の仇・広瀬軍蔵ら、百人近い敵方を討ち果たし本懐を遂げたという。

かつて広瀬軍蔵は、重太郎の父親・岩見重左衛門と小早川家の剣術指南役を争って試合をして負けた。しかしその後、仲間二人とともに重左衛門を闇討ちにした上に、重太郎の兄妹をも殺害して逃亡した。

そこで重太郎は、重左衛門の仇を討つべく、また兄妹の怨みを晴らすべく小早川家の仇討免状を持ちながら諸国を巡り、軍蔵とその仲間である大川八右衛門と鳴尾大学の三人を探し続け、ついに丹後・宮津城下で見つけた。

剣豪・岩見重太郎が、天橋立で父親や兄妹の仇を討つという事を聞き伝えて、多くの見物人も集まってきた。だが広瀬らはただ一人の重太郎を多数の加勢を頼んで取り囲み、押し包んで一気に亡き者にしようとした。

　重太郎は、ひるまず一人で斬り込むのだが、敵方は百人いや、千人とも。さすがの重太郎も目指す仇の広瀬らの近くまで進めない。

　とそこへ、六尺もある鉄棒を手にした大男、これまた天下に名を轟《とどろ》かす豪傑・塙団右衛門《ばんだんうえもん》が、さらに槍の名人・後藤又兵衛基次も助太刀として登場、ついに重太郎は仇討ちの本懐を遂げるのである。

道明寺合戦記念碑〈大阪府藤井寺市〉

　これが、血沸き肉躍る講談の物語。後に三人の豪傑は大坂夏の陣で、豊臣方の武将として相まみえ肩を並べるのである。

　岩見重太郎がどういう経過で薄田隼人正兼相を名乗り、豊臣家に仕えるようになったのか、そのいきさつは不明である。叔父の薄田七左衛門の養子となったともいわれるがはっきりしない。

　薄田兼相としては、豊臣家において慶長十六(一六一一)年の禁裏御普請衆の一人として名が記されており、また翌年秀頼の名代として駿府の家康のもとへ年賀の使者という大役で赴いている。

　大坂の陣では活躍が期待され一手の大将を任されたが、慶長十九(一六一四)年の冬の陣においては、なんと遊郭で遊んでいる隙に徳川方に襲撃され、自らの持ち場を敵に奪われるという大失態を犯してしまった。「まさに薄田は橙《だいだい》武者ぞ」と、周囲は兼相を嘲《あざけ》ったという。

「橙なんぞは酸味が強く正月飾りにしか使えない。よって見かけのみ」という意味である。

兼相は相撲などは相手がいないほどの怪力で、「兼相流（柔術）」「無手流（剣術）」といった流派を立てた剛の者といわれていた。そこに岩見重太郎の豪傑ぶりが重なったのかもしれない。

そして翌年の夏の陣。

「なんとしても汚名を返上せねば」と兼相は意気込んだか、いや、もともと剛の者なればあたりまえか。兼相の縦横無尽の闘いぶりはその名を後世に残した。

慶長二十（一六一五）年五月六日夏の陣、道明寺の戦い。

しかし、大坂方の作戦は失態が続いた。小松山で先陣として出陣した後藤又兵衛隊に後詰めの軍として兼相は向かったが間に合わず、孤軍奮闘する又兵衛を助けることができず又兵衛は戦死。

霧で道を迷ったともいわれるが、事前の打ち合わせに綿密さを欠いていたようで、後詰めの第一陣だった兼相の部隊が到着した時は、すでに又兵衛は討死していた。しかも第二陣の毛利・真田隊はさらに遅れたため、兼相隊もまた単独で徳川勢とぶつかった。

「又兵衛殿も逝かれたか…」と悲しむ暇もなく、又兵衛を討って勢いづいている徳川勢が怒涛のごとく兼相隊に襲いかかってきた。多勢に無勢、戦況はきわめて不利、だが兼相は一歩も引かず戦い抜いた。

ここからの兼相の豪快にして悲壮な奮戦ぶりは、まさに「講談のごとく」古書に伝えられる。

あまりの兼相の大暴れに水野隊の一人が馬から兼相をひきずり下ろそうと足にしがみついた。ところが兼相はその者を持ち上げて首をねじり切らんとする。あわてた仲間が兼相の馬を槍で突く。敵の首を抱えたまま兼相落馬、仲間もぐいと引き寄せられ、二人を馬乗りで押さえつける。そこへもう一人が「南無三…」とばかり突っ込んできて

兼相が本陣を構えたといわれる誉田八幡宮に立つ誉田林古戦場碑〈大阪府羽曳野市〉

兼相の足を斬り落とした。絶叫する兼相を三人がかりで胸・胴を刺し、ようやくその首級を挙げた…。何か胸に砂を詰められたような思いとなる兼相の最期である。

かくして天下無双と謳《うた》われた豪傑・薄田隼人正兼相は落命した。後世の創作も入っているだろうが、まさに豪傑だったのだろう。この死闘は誉田林《こんだばやし》の戦いともいわれ、兼相が本陣を置いた誉田八幡宮の境内に修羅の戦場を知らぬがごとく「誉田林古戦場」の碑が立っている。

兼相は、古戦場に近い誉田八幡宮と道明寺八幡宮の中間あたりの田園の中に一人静かに眠っている。墓所は広くゆったりしているのだが、場所が見つけにくく墓参する人は難儀するだろう。もう少し目立った地にあればと、同情しつつ思った。古書に曰く「薄田、古今稀なる働きなり」。

兼相の墓塔はまた、大阪市内天王寺区の増福寺にある。子孫の方が建立したという。寺は真田丸

碑が立てられている戦死地近くの兼相の墓所〈大阪府羽曳野市〉

跡地と茶臼山のちょうど中間くらいで、門前に「薄田隼人正兼相碑」の石柱が立てられている。

私がかつて読んだ読み物では、重太郎の狒々退治は、北アルプス連峰の一つ、餓鬼《がき》岳でのことだった。

岩見重太郎＝薄田兼相は、講談話としてうまくできた話だが、何か「作り話」では片付けられないような…。

今にきっと、岩見重太郎＝薄田隼人正兼相が脚光を浴びるときが来るだろう。

最後に、仇討ちに助太刀してくれたという二人の豪傑・後藤又兵衛と塙団右衛門について触れておきたい。

後藤又兵衛基次は、黒田長政に仕えていたが、不和となり流浪、大坂の陣勃発で豊臣方に参陣、夏の陣で討死した。朝鮮での戦いで虎を一撃で退治したのは又兵衛だったが、いつのまにか加藤清正の話になってしまったという。また、道明寺の

増福寺門前に立つ薄田隼人正兼相碑〈大阪市天王寺区〉

戦いでは家康を討ち取ったという伝説も残している。

　塙団右衛門は、加藤嘉明の家臣だったが、やはり主君と不和になり流浪、鉄牛と号して諸国を遍歴した後、大坂の陣では豊臣方として参陣。夏の陣の樫井の戦いで戦死した。朝鮮での戦いでは、あるじ嘉明のもと、素っ裸にて褌《ふんどし》一つの背に板をくりつけ、それに旗竿をさし、大旗をはためかせながら一軍の先頭に立って戦い、その勇姿は敵の明軍を仰天させたという。

　なお、信州・須坂市臥竜山《がりゅうさん》興国寺境内に咲く古木「臥龍梅」は、塙団右衛門が文禄の役で朝鮮から持ち帰り植えたと伝えられる。「豪傑塙団右衛門もかつて信濃路を訪ねていた」という嬉しい伝説である。

戸田康長

「自らの手柄を言うは見苦しきなり」

とだ・やすなが（一五六二〜一六三二）
戦国〜江戸時代初期の武将・大名。松平康長ともいう。戸田松平家の初代松本藩主。三河の出身。家康の譜代家臣として小牧・長久手、関ヶ原、大坂の陣などに出陣、戦功を挙げる。天正十八（一五九〇）年、家康の関東国替えで武蔵東方《ひがしかた》一万石藩主に。以後数度の転封を経て元和三（一六一七）年、松本七万石の藩主に栄進。三代将軍家光の傅役《もりやく》も務める。寛永九（一六三二）年病没、享年七十一。墓所は松本市県《あがた》の戸田家廟園。

戸田家は三河国渥美郡一帯を支配した豪族であった。桶狭間にて今川氏が敗れた後、家康が岡崎城に拠って独立の動きを示した頃に臣従した。

康長は戸田（二連木戸田）家の当主の座に就くと、家康の異父妹を妻室に娶《めと》り松平姓も名乗った。家康の家臣として松平姓を名乗った最初の家で、葵の紋所を許された。後に幕府からも厚遇を受け、江戸十八松平家の一つとして数えられた。

康長は、家康の家臣団の中で榊原康政や本多忠勝など、後世称えられる「家康四天王」や「徳川十六神将」の面々ほどあまり有名ではない。その働き・武功は決して他に引けを取っていないのだが、それなりのわけがあったようだ。後に触れたい。

康長は、関ヶ原の合戦において主戦場の関ヶ原には出陣せず、三成一族の福原・熊谷氏が立てこもる大垣城攻めを担った。城は三成方が関ヶ原で敗北した後も籠城《ろうじょう》して抵抗を続けた。康長は水野

関ヶ原合戦で康長らが攻略した大垣城。当時は周囲の河川を巧みに利用した水城だったという〈岐阜県大垣市〉

勝成らと粘り強く硬軟尽くしてこれを攻め続けた。講和の話し合いと称して三成方の将を謀殺《ぼうさつ》するなど、あまり知られていない関ヶ原の合戦の一端で、「大垣城の合戦」と呼ばれる。

立てこもる城方も、最後まで抵抗した主将の福原長堯《ながたか》がついに康長方に下り、本戦から八日後に城は開城となった。

家康は関ヶ原の戦い後、康長に上野国《こうずけのくに》・白井藩二万石を与えた。また、大坂の陣後は同国・高崎五万石へ栄進させている。

現在の大垣城は、天守や丑寅櫓《うしとらやぐら》・水之手櫓・東門・西門が復元され、一帯は公園となっている。ちなみに園内に騎馬像として立つ近世大垣藩の基礎を築いた藩主・戸田氏鉄《うじかね》は、康長と同じ三河の戸田一族の出身である。

慶長二十(一六一五)年、大坂夏の陣決戦の日。康長にとって過酷な戦場であった。

康長は家康本陣のすぐ前面の第三陣右翼に布陣

冬の陣では家康、夏の陣では真田信繁の本陣が置かれた茶臼山〈大阪市天王寺区〉

していた。合戦の火蓋が切られると、豊臣方の真田信繁・毛利勝永隊の決死の突撃はすさまじく、第一陣・二陣を抜き、第三陣前面の康長隊に襲いかかってきた。

ちなみにこのとき第二陣で守っていた当時の松本藩主・小笠原秀政隊は突破され、秀政及び嫡子の忠脩《ただなが》は戦死している。

「ここで食い止めねば、上様（家康）本陣が危うい」

康長は自らが太刀を取って闘い、馬から下りての組み討ち戦に追い込まれ、死に物狂いで敵ともみ合うほどの熾烈《しれつ》さとなった。

敵とくんずほぐれつ上になり下となって闘う康長を、家臣らがなんとか救おうとするが、粉塵と暗がりでどちらが康長か敵なのかわからない。家臣らがおろおろしているとその時突然、一匹の白狐が火の玉とともに飛来してあたりを明るくしたというのだ。

「しめた」

家臣らは戦うあるじの姿をみきわめ、敵を討ち取り康長を救うことができたという。

白狐のお陰で敵の猛攻撃をはね返し、命を拾った康長は、後に松本城内に「夜光稲荷社」（口絵参照）を祀って深く感恩する。なお、この時に康長が着用していた鎧兜《よろいかぶと》は、松本城天守内に展示されている。


現在、夜光稲荷社は松本城内にはない。捜してみると思わぬところに祀られていた。

市内城東の旧善光寺街道に面したお味噌屋さんの萬年屋さんは創業百八十年という老舗《しにせ》で、お店は城の天守から東へ一㌔ほど。街中にもかかわらず、その広大な萬年屋さんの敷地内に、なんと康長ゆかりの夜光稲荷社は祀られ、逸話が代々伝えられていた。

「城内にあった稲荷社は、お城の殿様の移り変わりにともない、後に家臣の屋敷に移されたということです。明治以降、その家臣の屋敷地を当家が買い受けた際に、敷地内に残されていた夜光お稲荷さんをそのまま引き継いで、以来当家内でお祀りしております」

と、ご主人は事情を語ってくれた。

稲荷社は、サツキの木に囲まれ、まるで築山のような盛り土の頂に、拝殿を新たに設けて立派に鎮座していた。この盛り土はかつての城郭の土塁だったそうである。

大坂の陣で康長の命を守ってくれた白狐の伝説は、夜光稲荷社として四百年たった今も伝えられていたのである。

康長が松本七万石藩主の座に就いたのは元和三（一六一七）年で、それまで康長は五度の転封を経ている。

武蔵東方藩（一万石）→上野白井藩（二万石）→下総古河藩（二万石）→常陸笠間藩（三万石）→上野高崎藩（五万石）、そして松本藩（七万石）へ。

まさに出世魚のごとくの加増に次ぐ加増で、家康が康長の実直で地道な働きぶりをよくわかって

戸田家廟園内の康長墓所「丹波塚」〈松本市県〉

いたことを物語っている。徳川十六神将などとして大々的に称えられてはいないが、幕閣は三代将軍家光の傅役・側近に康長を抜擢している。

後に康長が病床についた寛永九（一六三二）年、憂慮した家光は侍医をわざわざ松本まで遣わしているほどだ。

康長が多くの人々から信頼を得ていた逸話を紹介しておきたい。

康長は、若き頃から合戦などで功を挙げても一切自ら申し立て恩賞を望むということはしなかった。あまりに徹底している信条に、周囲の家臣らがしばしば見かねて催促した。すると康長は、

「武功を自ら名乗り出ることなど、まこと見苦しきことよ、わしはせぬ」

と首を縦に振らなかったという。

また、性格は磊落《らいらく》で、家臣を屋敷に迎え入れて藩政や武辺《ぶへん》話に花を咲かせる時などは、胡坐《あぐら》をかいてくつろぎ語り合ったという。

戸田家廟園の全景〈松本市県〉

勇猛で名を馳せる歴戦の将の家臣たちとは違った康長の人間性を、家康はおおいに見込んでいたのであろう。

康長は晩年の隠居所として池田城（北安曇郡池田町）を築き、そこで暮らすことを計画していたという。現在は池田町市街地となっているあたりで、城というより有明山など北アルプスの雄峰を仰ぎ見る田園の地に屋敷をつくる考えだったのだろう。

しかし残念ながら、屋敷は完成されず康長は没した。

康長は松本市郊外の県町《あがた》の戸田家廟園に眠っている。周囲が住宅地でまた道も狭く、墓参するにわかりにくい場所だが、廟園は広く、地元ではこの廟園を「お塚」と呼んでいるとのこと。

南北に長い長方形の廟園は二重の石垣で周囲を囲み、内郭は石垣の上に赤い垣根を組み荘厳な雰囲気を醸し出している。その中に築かれた円形の

康長や戸田家先祖を祀る松本神社から天守を望む〈松本市丸の内〉

封土の頂上に石塔を置いた塚が、康長の墓所である。康長は丹波守を称していたので丹波塚とも呼ばれている。廟園には康長の他に、六代光行、七代光年の墓塔などもある。

康長は松本城天守と内堀を間にしてすぐ北に位置する松本神社（五社）の祭神としても祀られており、けやきの巨木が立つ境内から大天守を今も静かに見守っている。

山村良勝

快哉！妻籠城の勝ち戦

やまむら・ながかつ／よしかつ（一五六三～一六三四）

戦国から江戸時代前期の木曽の武将。木曽義昌とその子義利に仕える。天正十二（一五八四）年、秀吉に服した義昌より妻籠城（長野県南木曽町）の守備を命ぜられ、籠城《ろうじょう》戦にて徳川方の大軍を撃破してその名を挙げる。その後木曽家の下総《しもうさ》・網戸《あじど》への転封に従う。しかし、義利の代に木曽家が改易となり浪人。その後家康に仕える。関ヶ原合戦後の慶長七（一六〇二）年に木曽代官、また福島関所の関守の任に就く。七十二歳で没す。

「殿（良勝）、わかり申した。このまま籠城して死ぬるよりイチかバチか、やってみまする」

「小左衛門、敵は大軍、油断が必ずやある。頼んだぞ」

竹中小左衛門は良勝の頼みに意を決してうなづき、供を引き連れ闇に消えていった。時は天正十二（一五八四）年秋、ところは信濃木曽路南端の山城・妻籠城。

今は眼下に観光客が行き交う妻籠の宿場町の街並みを望むことができる。北を木曽川本流、西はその支流に守られ、妻籠城は堅城であった。その堅城が徳川勢の大軍に包囲されていた。家康は秀吉と対立抗争に及んだ小牧・長久手の合戦に際し、秀吉方に従った義昌の妻籠城を、菅沼定利・保科正直・諏訪頼忠らに命じて七千人の兵で攻撃させた。義昌に妻籠城の守備を任されていた良勝は、周辺の土豪の島崎・丸山・林・勝野氏らを引き連れ立てこもった。守備の城兵はわずか数百と少な

妻籠城本郭跡。眼下に妻籠宿を望む〈南木曽町吾妻〉

かったが意気はきわめて盛んだった。

当初は大木などを投げ落として戦っていたが、しだいに持久戦となり、城は食料・水も弾薬も底をつき、落城は近いかと思われた。

「武器弾薬さえあれば…」

腐心した良勝は、小左衛門にある苦肉の策を授け託した。とはいえ城から敵の囲みを抜け、川を渡り、いかにして武器弾薬を調達してくるか……、至難の業である。

ところが、数日後深夜。

小左衛門は数十人を引き連れ再び敵の囲みをくぐり抜け、城内に戻ってきたのだ。全員ずぶ濡れ、そして螺髪《らはつ》のような頭。みな髪の中にあらん限りの弾薬をくくりつけてきたというのだ。

「殿、戻りましたぞ！」

「でかした、ようやった、小左衛門！」

莞爾《かんじ》としてほほえむ良勝。夜気をふるわせやんやの歓声に沸く城兵。城の北側を流れる木曽川は

妻籠宿から後方の山城の妻籠城を望む〈南木曽町吾妻〉

敵兵が手薄だったというのだ。まさに「大軍に油断あり」だった。

「敵は所詮寄せ集めの大軍、ぬかりが必ずある、そして結束ももろい」と踏んでいた良勝の読みは的中した。

弾薬を得て、戦いの準備を整えた城兵は、狙いを定めて一斉射撃を開始、鬨《とき》の声を挙げ、一気に反撃の狼煙《のろし》を上げた。

「な、なに、城方に援軍か⁉」

仰天する徳川勢。ひるんだところを城方はどっと打って出たからたまらない。徳川方は四散潰走した。かくして戦局は逆転、城方は大勝利に沸いたのである。

もともと、この妻籠城の戦いはあの小牧・長久手の、家康と秀吉の戦いの余波から勃発した。徳川方は妻籠城の戦いに惨敗したものの、本戦の小牧・長久手の戦いでは大敵秀吉と互角にわたり合った。結局両者和を結び、政治的には家康が秀

木曽福島関所跡〈木曽町福島〉

吉に服するという形で収束した。

　義昌・良勝主従にとって、なんとも煮え切らない結末に終わった。しかも秀吉から、「義昌、これよりは家康の配下として、その指揮に従うように」とのお達しが。

　家康、秀吉、再び家康とあるじが変わった。地方の大名としては致し方ないとはいえ…。

　そして天正十八（一五九〇）年、家康の関東国替えが決まると、家康よりの命は…。

「な、なに？　木曽から下総へ移れと！」

　主従の驚きの表情は落胆に変わった。長く支配してきた故郷・木曽の地を離れ、遠く九十九里浜近くの下総・網戸一万石の領国へ…。

　秀吉が木曽の豊富な森林資源を直轄地としたかったのがこの移封の背景にあった。よって家康としても自らの関東の領国へ義昌を移さざるを得なかったのだ。秀吉・家康という山をも動かす巨大な力に、木曽家は従わざるを得なかった。

　悲劇は続いた。

山村代官屋敷

山村代官屋敷跡。借景庭園なども復元されている〈木曽町福島〉

良勝が開基した大通寺〈木曽町福島〉

義昌を継いだ二代目義利の行状が悪く、下総へ移って五年、木曽家は改易に。良勝は浪々の身となった。

ちなみに、義昌が治めた網戸藩の治政はすこぶる善政で、特に椿湖の干拓事業などに取り組んだという。現在でも義昌を称える武者行列が夏祭りに催され、旭市内には義昌座像を設置した公園がつくられている。

浪々の身の良勝に家康から呼び出しがかかったのは、関ヶ原合戦直前のことであった。
「良勝よ。難儀な木曽路を抜ける手助けをしてくれぬか」と。

妻籠城でのしたたかな戦いぶりは家康の耳にも伝わっていたのだろう。

良勝は義弟の千村良重とともに家康配下の将として木曽へ赴いた。千村良重は良勝より三歳下、良勝の妹を妻としていた。代々木曽家に仕え、両者は木曽家の両輪として義昌を支えてきた。家康はその二人に木曽街道の抑えを頼んだのである。

木曽一帯は秀吉の蔵入り地（直轄地）とされており、犬山城主・石川光吉が妻籠城に拠って管理、西軍に味方していた。

良勝と良重は、西軍方になびいていた木曽の武士らを説得して味方につけ、石川光吉を追って妻籠城を奪還、木曽路を関ヶ原へ進軍する徳川秀忠本隊の道筋を確保、整備した。結果的に上田城攻めにてこずった秀忠は関ヶ原に間に合わず、秀忠が東軍勝利の報を受けたのは妻籠城においてであった。

山村家の菩提寺・興禅寺。木曽義仲の墓所もある〈木曽町福島〉

戦後、徳川方に味方した良勝はじめ木曽の武士たちに一万六千石余が与えられ、特に良勝は最大の五千石余を認められた。また、千村良重は美濃に四千石余を与えられた。かつての主家・木曽家は改易されたが、良勝は木曽代官、また福島関所の関守に任ぜられ、実質木曽の地を支配することになった。以来山村家は幕末まで、大名に準ずる幕臣（交代寄合旗本）として、また尾張徳川家の家臣にも列し、江戸・名古屋に屋敷を許された。

現在、木曽町福島には、中山道の関所跡や、代々山村家が居住した山村代官屋敷の一部が復元され、屋敷より木曽駒ヶ岳を望む借景庭園などが公開されている。また、同地区の良勝が開基した大通寺や、山村家の菩提寺・興禅寺などが、往時の代官職の威勢を物語っている。

木曽義仲の血を受け継いだという木曽家は滅びたが、山村家が大名並みの地位を得て、実質的に木曽の支配の伝統を守り抜いたのである。

石川康長

松本城天守建立するも無念

いしかわ・やすなが（一五五四〜一六四三）
戦国〜江戸時代前期の武将・大名。三長ともいう。三河出身。初代松本藩主石川数正の嫡男。天正十三（一五八五）年、父とともに三河岡崎の徳川家を去り秀吉に仕える。文禄元（一五九二）年頃、父を継いで石川家二代目松本藩主となり、数年後松本城の大天守を完成。関ヶ原の戦いでは家康方に味方、本領安堵される。しかし、後に大久保長安事件に連座して改易、豊後へ流罪となる。没年八十九歳。

「さて…いかにするか」、康長の思案は混迷した。

「石田三成、家康打倒のため挙兵」の報が下野・小山の家康率いる上杉攻めの陣中にもたらされた。


三成は秀頼を擁しての挙兵という。

家康は諸将を集め、「方々、この家康に与《くみ》するも三成に味方するも御随意になされよ」といい放ち黙したまま。豊臣子飼いの多くの武将たちは困惑したが、康長の立場は特に微妙だった。

「かつてわが父は家康殿のもとを出奔し豊臣に着いた…さて自分はどうする？」

迷い惑った末、

「父は父、わしはわしか」

康長は家康方と決した。そして自軍二千余の将兵を率い、東山道筋を西に向かう秀忠軍に従い、西軍に味方した真田昌幸・信繁（幸村）の立てこもる上田城攻めに参陣した。

苦戦した攻城戦を中断して秀忠が関ヶ原へ急行した後、康長は同じ信州の大名の仙石秀久・諏訪頼水《よりみず》などと上田城抑えの軍として留まり、真田の動きを封じた。この間、真田方との戦いでは苦戦を強いられたが、関ヶ原での東軍大勝利との報がもたらされ、上田城は開城、真田は紀伊・九度山へ配流となった。康長はそのまま松本藩十万石を安堵された。

康長の父・数正は朝鮮攻めで九州出陣中に死去したといわれる。康長も同行して、肥前名護屋城に詰めていたようだ。康長が家督を継いだのは文禄元(一五九二)年頃で、松本の地へ来て二年目のことと思われる。

康長ら多くの大名の命運を決めた小山評定跡〈栃木県小山市〉

康長は弟の康勝に奥仁科藩として一万五千石、三男康次に五千石を分与した。そして「松本の地をわが石川家第二の故郷とせん」との父の遺志を受け継ぎ、城郭・城下町づくりに心血を注いだ。

松本城内の石垣で高さ四メートルもの巨大な「玄蕃石《げんば》」にまつわる伝説は、康長の築城への熱意の一端を物語る。この巨石の運搬に難渋し、ふと不満をもらした人夫を康長は一刀のもとに首を刎《は》ね、槍先にて首を高く掲げてあたりの者に恐怖を与え、工事の遅滞を断固許さなかったという。

当時康長は玄蕃頭を称していたことからこの巨石は玄蕃石と名付けられ、今も松本城最大の石として、松本市役所正面の太鼓門の脇にある。康長の松本城を堅固な城にするとの決意をよく示した逸話とはいえ、かなり強引な築城工事で、農民たちは家屋を取り壊されても補償などはなかったといわれる。「玄蕃石」には康長の思いとは別に農

松本城太鼓門の玄蕃石。重さ26トンといわれる〈松本市丸の内〉

民の悲哀・怨みもこもっているのだ。

平成十五（二〇〇三）～十七年の総堀の発掘調査において、市内の通称・片端町の堀の水中から上を向く先のとがった杭（乱杭《らんぐい》）の列が多数発見され、関係者を驚かせた。

松本城は概して石垣が低い。康長はその欠点を補うため、堀の中にあらかじめ鋭い杭列を埋め込んでおき、城攻めをした兵士が堀を渡ろうとする際、水中で難渋して攻めにくくするよう防御策を講じていたのである。全国的にもきわめて珍しいこの遺構は、康長のきめ細かい築城への意欲をうかがわせる。

壮大な松本城天守が成ったのはいつか、はっきりした年代は諸説あってわからない。康長が城主の頃となれば、文禄三（一五九四）～慶長六（一六〇一）年頃ということになるが。

余談だが、天守が完成した頃、康長と仲がよく、交流が深かったというあの加藤清正が肥後へ帰国

松本城天守と加藤清正駒つなぎの桜〈松本市丸の内〉

片端町の堀。乱杭は左側石垣の下から発見された〈松本市丸の内〉

する途中、松本城の完成祝いにわざわざ松本へ立ち寄ったという話が伝えられている。清正に深謝した康長は、信州の選りすぐりの名馬を贈った。その駿馬を繋いだという「清正公駒つなぎの桜」が城内の天守近くにあり、毎年みごとな桜を咲かせる。

突然の大久保長安事件

康長は、慶長十五（一六一〇）年、筑摩神社（松本市筑摩）に、桃山様式で入母屋造《いりもやづくり》・柿葺《こけらぶき》の豪華な拝殿を建造奉献するなど、松本へ入府以来二十年、丹念な城郭・城下町づくりは完成しつつあった。ところが、予期せぬ大事件が康長の知らぬところでうごめいていた。

「な、なにっ！ 大久保長安様が亡くなったと」

慶長十八（一六一三）年、突然の早馬の知らせを康長は暗闇に不気味な稲妻の奔《はし》りを見る思いで聞いた。

大久保長安は当時幕閣で勘定奉行・老中格とし

康長が建造奉献した筑摩神社拝殿〈松本市筑摩〉

て権勢を振るっていた。その長安の嫡子・藤十郎に康長の娘は嫁いで正室となっていた。まさに石川家は大久保家と親族一族関係にあった。

一介の猿楽能の役者だったという長安は、金山・銀山などの発掘の才をもって家康に重用され、華々しい出世の勢いを増していた。

ところが死後不正蓄財が発覚、一族は厳しく咎《とが》められ、長安の七人の子もことごとく処刑された。石川家も連座して改易処分、康長・康勝・康次ともに遠く九州の豊後佐伯へ流罪となった。連座で改易とは、かなり厳しい処分である。康長には余罪として、隠田隠匿《かくしだいんとく》の罪があったともいわれ、他に家康がかつての数正出奔の怨みを長安事件に合わせて晴らしたという説もある。

また、秀頼と懇意にしていた弟の康勝が秀吉法要の豊国祭に参列したことや、松本城の堅固な建造が幕府を警戒させ、大久保事件を口実に石川家を葬ったという説などが挙げられている。確かに、同じ信州最大の真田松代藩十万石の城郭と比較し

正行寺での念持仏供養法要〈松本市大手〉

てみても、松本城は豪華であり、乱杭を備えるなど堅固な築造ではあるが…。
なんとも康長にとっては無念な結末…、康長は遠く九州へ配流された。

石川家が廃絶された翌年、大坂の陣が勃発した。改易されて流浪していた弟・康勝は大坂城に入り、真田信繁麾下《きか》として戦い、討死している。やはり石川家には「反徳川」の気概が底流に流れていたのだろうか。松本城は徳川と戦うことを想定して築城されていたのだろうか。

九州に配流された後の康長は、豊後佐伯の地でそのまま過ごし八十九歳で没した。墓所は現地の善教寺という。康長は佐伯にて松本から持参した念持仏を毎日拝んでいた。その念持仏はそのまま佐伯に伝えられていたが、昭和四十六(一九七一)年、松本市に寄贈された。康長は実に三百五十年ぶりの「里帰り」を果たしたのである。

康長お手植えの松〈松本市浅間温泉〉

毎年十二月、石川家菩提寺の正行寺（松本市大手）で石川家縁者・ゆかりの人々がつくる「松本石川会」によって、この念持仏供養の法要が営まれている。私も一度法要の末席に加えていただいた。木像の阿弥陀如来像は金箔がいまだ実に鮮やかで、穏やかな表情をしている。

ちなみに、康長ゆかりのお手植えの松が、松本城主の湯殿といわれた市内浅間温泉の枇杷《びわ》の湯でみごとな姿に成長している。康長配流後も湯守として三男康次の子の晶光の子孫が小口氏を称し、その任を継承していたという。

追記。平成三十（二〇一八）年四月、またも乱杭が発見された。先に松本城東の総堀跡から乱杭が発見されたが、今度は城南側の外堀の土塁下に、およそ七十本近くの乱杭が埋め込まれていた。康長は戦うための本格的な要塞として、松本城を建造していたことをうかがわせる。想定していた敵はやはり徳川だったのか…。

小笠原忠真

信長・家康の「鬼の曽孫」

おがさわら・ただざね（一五九六～一六六七）
安土桃山～江戸時代前期の武将・大名。小笠原家第二代松本藩主。小笠原宗家二十一代当主。初名は忠政。父は小笠原家初代藩主の秀政。慶長二十（一六一五）年、父・兄の忠脩《ただなが》とともに大坂夏の陣に出陣するも負傷。ところが父兄は戦死、よって松本八万石藩主を継ぐ。二年後播磨明石藩十万石へ、さらに豊前小倉藩十五万石へと栄進する。幕府の信頼厚く、譜代大名として九州統治の要の任を負う。没年七十二歳。

「そなた（忠真）が死ねばお家は断絶ですぞ、思い留まりなされ！」

母は忠真（当時忠政）の袖に縋《すが》りついた。

「母上、私は小笠原の武者としてどうしても大坂へ出陣したいのです」

涙する母の手を強引にふり払い、忠真は馬上の人となり背を向け松本を後にした。

泣きはらす母の手にちぎれた忠真の袖が残った……。

その別れの地「袖留橋」は、松本市内・旧本町通り南端の長沢川に架かる橋だったという。今は「緑橋」と名を変え、石造の欄干《らんかん》が残る。川は暗渠《あんきょ》のようになって流れ、五〇〇《メートル》ほど下流の巾上の地に「袖留橋」の名は残され、そのいわれを記した看板が立っている。

父・秀政の大坂出陣が決まった時、忠真は自身の出馬を再三幕府に願い出たが許しを得られなかった。しかし、「どうしても出陣する！」と言い張り、独断で家臣を引き連れ大坂へ向かい、父

かつての袖留橋は緑橋と名を変えている〈松本市深志〉

の本陣に合流した。この身勝手ともいえる忠真の行動に秀政は困惑した。しかしなんとか将軍・秀忠と大御所・家康の許しを得ようと伺候《しこう》した。

家康にとって忠真は曽孫となる。忠真の出陣を袖にすがって止めた母は、家康長男の亡き信康の娘・登久姫であった。登久姫の母・徳姫の父は信長、よって忠真は家康の曽孫にして信長の曽孫でもあった。

家康は忠真に会うと、意外にも「大きゅうなったのう」と上機嫌で迎えた。そしてお咎めなしで参陣は許された。秀政は安堵の胸をなでおろし、忠真は狂喜した。このとき忠真二十歳、血気盛んな偉丈夫に成長していた。

父・兄の討死

そして迎えた大坂夏の陣、決戦の日。

小笠原隊は家康本陣の前に布陣。忠真は駿馬・香車に騎乗、黒兜《くろかぶと》に鎧《よろい》の出で立ちで父・兄と陣頭に馬首を並べた。

その名が残されている袖留橋〈松本市巾上〉

前方に目をやると、敵・豊臣方の先陣は毛利・真田隊。法螺貝を合図に軍鼓《ぐんこ》・陣鐘《じんがね》が地を揺るがし、たちまちあたりは人馬・軍旗入り乱れての修羅の戦場に化した。

死を覚悟している真田・毛利隊もよく戦った。突撃は激烈だった。迎え討つ小笠原隊もよく戦った。特に忠真は初陣とはいえ、その戦いぶりはものすごく、後にその様子を聞いた家康は、忠真を「まさに鬼孫よなぁ」と称賛したという。

だが忠真の強引な突撃には御側衆《おそばしゅう》が追い付けず、忠真は敵の真っ只中に孤立してしまった。鬼の形相で戦うも乱軍白兵戦の中、槍を折られ落馬、太刀で戦うも全身に無数の深傷を負った。

「もはやこれまでか！」

死を覚悟した危ういところを駆け付けた家臣らが身体を張って忠真を救い出し、肩に担ぎ上げ引き戻した。

そこにようやく東軍の大軍が押し出してきて形勢が逆転、窮地を脱した。忠真はまさに九死に一

小笠原秀政、忠脩が眠る小笠原家菩提寺の広沢寺。参道の巨木の杉並木が圧巻〈松本市里山辺〉

生を得たのである。

結局、合戦は徳川方の大勝利となったのだが、しかし、

「なんと、父も兄も相果てたと!」

忠真は瀕死の重傷にあえぎ呻《うめ》きながら、その悲報に驚き落涙した。兄・忠脩《ただなが》は乱戦の中で即死、父は重傷を負い、その後に落命した。

味方大勝利にあちこちで勝鬨《かちどき》があがった。しかし小笠原隊は消沈のきわみだった。

一家の当主及び嫡子がそろって戦死などということは、戦国時代においてもめったにないことである。家康も秀忠も小笠原家のあまりの悲劇に深い哀悼の意を示した。しかしそれが後の小笠原家の大繁栄につながっていくのである。

秀政と忠脩は京都にて荼毘《だび》に付され、松本の地へ帰った。

その後、傷が癒えた忠真は、父兄の死にともない正式に松本藩主に就任した。秀政と忠脩は当初、松本城下の寺に埋葬されたが、後に小笠原家ゆかりの林城のふもとにある広沢寺(松本市里山辺)の高台に移葬された。松本市街、北アルプスの銀嶺を望む見晴らしのよいところである。

二年後、忠真は二万石加増され、松本から播磨明石藩へ移封となった。

明石城(口絵参照)はJR明石駅ホームからもよく見える。「思わず一目散に駆け出したくなる」といわれる、二つの櫓《やぐら》をつないだ左右一〇〇〓《メートル》を有する白壁塀が実に美しい。そして、本丸跡に立つと明石海峡大橋や淡路島など瀬戸内海が一望できる。

大坂の陣での父・兄の忠死、忠真の奮闘は小笠原家への幕閣の信頼を深めた。

播磨明石は、山陽道が通りまた古来瀬戸内海の海上交通の要衝の地である。幕府はこの西国の抑えとして忠真を配置した。またさらにその後、九州の喉元の要衝・小倉城へ移封、忠真の信頼度がいかに深かったかよく示している。

現在の小倉城は模擬天守が建立され、その高さおよそ二八〓《メートル》、松本城とほぼ同じながら石垣は一八〓《メートル》近くあり、松本城よりかなり壮大な感じを受ける。忠真の前の城主は細川忠興で、関ヶ原の功で四十万石近い石高で支配していた。

九州にて三十万石を領す

忠真が小倉十五万石へ転封する前後、兄・忠脩の子・長次は豊前中津八万石、忠真弟・忠知は豊後杵築《きつき》四万石、同じく弟の松平姓を拝領した重直は豊後高田三万七千石と、一族で九州にて広大な領国を支配した。小笠原家は合わせて三十万石以上と花開いたのである。三十万石となれば徳川御三家の水戸藩とほぼ同格、小笠原一族は西国の外様大名へ睨みをきかせたのである。

忠真は武辺《ぶへん》以外に、なかなかの有智高才《うちこうさい》を発揮した殿様だった。小笠原家伝統の弓馬はもちろん、料理も得意で自ら包丁を執ったという。松本から明石、さらに小倉まで好みの「糠漬《ぬかづ》け」の糠床を

小倉城模擬天守〈北九州市小倉北区〉

明石城内の武蔵作庭といわれる「武蔵の庭」〈兵庫県明石市〉

持参、小倉では領民にもこれを推奨した。小倉にはいまだ糠床を受け継いでいる家も多いという。
大名茶人としても有名で、小倉に小笠原古流の茶道を発展させた。
また、明石藩主時代には、剣豪・宮本武蔵を客将として招き、剣のみならず芸術・絵画などにも多彩な才を持つ武蔵と交流、武蔵に明石城下の町割りの企画を頼んだりした。明石城内には、武蔵が作庭したという「武蔵の庭」が今も残されている。そして忠真は武蔵の子・伊織を士分として取り立て、小笠原家が小倉城に移封した後は藩の筆頭家老に任じている。
小倉城主となって三十五年後、忠真は七十二歳で没した。以後幕末まで、小笠原家は小倉を居城とした。

鈴木伊織

藩の民みな、その死を悼む

すずき・いおり（?〜一六九〇）

江戸時代、松本藩主・水野忠直の頃の藩重役とも、また一介の藩士だったともいわれるが定かでない。正式名は頼常。貞享三（一六八六）年に松本藩で勃発した加助騒動（貞享騒動）において、多田加助・小穴善兵衛ら主導者に対する仕置きに疑念を抱き、助命に奔走尽力したという。江戸在府の藩主から処刑差し止めの許可を得て刑場に駆けつけたが間に合わなかったと伝えられる。

「その仕置き、待ったたっ、取り止めじゃ！」

絶叫しながら処刑場へ懸命に馬を飛ばした伊織。だが無念、馬が刑場寸前で転倒、伊織は落馬昏倒《こんとう》、気を失った。

江戸からの処刑取り止めの沙汰書は刑場に届かず、ついに加助らの処刑は執行されてしまった…。

今に語り継がれる伝承である。この時、伊織の乗った馬が転んだ地は駒町（現松本市城西付近）と名付けられ、倒れた馬を馬頭観音として駒町の通り沿いに祠《ほこら》を設け祀っている。松本市街から安曇野市方面に抜ける一方通行の道筋で、加助らが処刑された勢高《せだか》処刑場（現丸の内中学校校庭付近）のまさに目前の地である。

加助騒動は高校教科書に、「藩領全域に及ぶ全藩一揆には、たとえば一六八六（貞享三）年の信濃松本藩の加助騒動が挙げられる」と記載されるほどの大事件であった。一揆の話としては必ずや語られる出来事である。

事件はこの年の秋、松本藩から領民に突然、前

駒町通り。右手に馬頭観音堂〈松本市城西〉

年を上まわる過酷な年貢取り立てのお触れが出されたことに端を発した。

その内容は、「年貢一俵あたりの容量を従来の三斗から三斗五升に引き上げる」という驚くべきものだった。当時、周辺の諸藩はほとんどが二斗五升だったにもかかわらず松本藩は三斗だった。しかし領民たちはギリギリでよく耐え忍び三斗に従っていた。なんとそれを上まわる三斗五升。

「これはあまりにひどい！」と慄然として領民百姓たちが即座に異を唱えたのは至極当然で、先頭に立ってその苛酷さを訴えたのが中萱村（現安曇野市三郷）庄屋・多田加助であった。加助らは、二斗五升挽きの要求など五ヶ条を訴状にしたため、十月十四日、郡奉行へ訴え出た。

このことが村々へ伝わると、農民たちは蓑笠《みのがさ》に身を固め鋤鍬《すきくわ》を手に、四方八方から城下へと集結した。日増しにその数は増して一万人余に及んだという。

困惑狼狽《こんわくろうばい》した藩側はなんとか騒動を鎮静化するため、十六日夜、「願いを聞き届ける旨の覚書」を出した。

「やったぞ！」と、狂喜して農民の多くは引き上げた。

しかし、加助ら同志と百数十人の農民は、「家老の証文等」を求めて居残っていた。

家老らは騒動の長引くのと、江戸表への直訴を恐れて十八日に、「二斗五升挽きをも聞き届ける」旨の家老連判覚書を出したので、加助らは納得してそれぞれの村々へ引き上げ、騒動は鎮まった。だがそれは騒ぎを鎮め、百姓らを安堵させて村々へ帰してしまうという「欺き」の空手形だった。

数日後、なんと「要求を認めた沙汰書を藩に差し出すように」との命。

そして一斉に藩の役人が村々へ急行、加助ら騒動の主導者を次々と捕縛した。なんと加助の子の十二歳と十歳の幼い兄弟までも捕らわれの身となった。

「謀られた！」

「偽りの沙汰書で欺くはあまりに理不尽…」

「何をいうか、この騒ぎが御公儀に知れ、藩がお取り潰しになったらいかがするのじゃ」

この言葉には百姓らに同情する藩重役も藩士も沈黙するのみだった。

早急に騒動の鎮静化をはかるため、藩の動きは速かった。主導者一族二十八人は捕縛されてわずか七日後に処刑された。十代の男児が十人以上もいた。小穴善兵衛の子、十二歳の女児おしゅんまでもが刑場の露と消えたのだから悲哀この上ない。処刑された加助ら領民の悲話は尽きることを知らない。

鈴木伊織については冒頭の伝承以外、藩のいかなる立場にあったのかなど詳細はほとんどわかっていない。ただ次のような史料が残っている。

地元の庄屋・甕忠左衛門の書留『御用留日記』

伊織霊水の湧出池。右手石門奥が伊織の墓塔〈松本市中央〉

の元禄三（一六九〇）年、すなわち伊織が没した時の状況についてこう記されている。

「十月三日の夜五ツ時分、鈴木伊織殿御死去之由、同四日昼時分に百瀬久米右エ門より申来候」「十月四日伊織殿御死去に付、在々出家衆・庄屋・百姓御悔として、蔵人殿へ参候事無用之由被仰遣候、郷中へ申ふれ候」

すなわち、伊織が亡くなったことで、多くの村人がお悔やみに行こうとする動きがあったが、藩ではそれを禁止した、というのである。

事件から四年もたって、「在々出家衆・庄屋・百姓」など多くの人々が鈴木家へお悔やみに参集する動きがあったのだ。だが藩は「参リ候事、無用之由」と固く弔問を禁じた。伊織が何らかの形で百姓らに深い関わりがあったことをうかがわせる史料である。

和菓子「伊織」

伊織の墓所は女鳥羽川に架かる大橋のすぐ南に

鈴木伊織の墓塔〈松本市中央〉

あたり、旧本立寺の跡地に顕彰碑と並んで、表面には法名、裏面に鈴木伊織頼常之墓と刻まれた、ひときわ高い墓塔が立っている。

墓所に参ずる人々も多いが、昨今は墓塔のすぐ際からこんこんと湧き出る清水を求めて来る人が多い。この湧き水はいつ頃からか「伊織霊水」と名付けられ、松本市民に愛されている。

松本市街はあちこちにこのような清水が湧き出ており、「まつもと城下町湧水群」として平成の名水百選に選ばれている。

勢高刑場近くに埋葬された義民の塚〈松本市宮渕〉

ちなみに伊織霊水から数百メートル北には槻井泉《つきいずみ》神社の清水が湧いていて、あの木曽義仲の嫡子・木曽（清水）義高の産湯《うぶゆ》の水として知られている。

この稿を書くにあたり、伊織の墓所の他に、勢高刑場（丸の内中学校校庭付近）近くの義民塚や、安曇野市三郷の小穴善兵衛・加助の墓、出川刑場跡（松本市庄内）などを巡った。

加助神社（安曇野市三郷）前の和菓子屋さんに立ち寄ったところ、有名な「加助最中」と並んで「伊織」という和菓子に出合った。伊織の伝承には民衆の願いが今も込められているのだ。

和菓子「伊織」と「加助最中」

最後に。

この稿は鈴木伊織についてのものだが、時代が

処刑された 28 人全員の名を刻んだ顕彰碑〈安曇野市三郷〉

時代とはいえ、あまりに哀切を帯び、理不尽な事件で命を落とした加助ら二十八名の名をあえて記しておきたい。なお、安曇野市三郷の貞享義民社前の顕彰慰霊の碑にも処刑された人々のすべての名が刻まれている。

勢高刑場にて処刑された人々

長尾組中萱村	多田加助	磔
	子　伝八	獄門
	子　三蔵	獄門
	弟　彦之丞	獄門
長尾組楡村	小穴善兵衛	磔
	子　しゅん	獄門
	子　惣助	獄門
	弟　松右衛門	獄門
	その子　長之助	獄門
	弟　治兵衛	獄門
上野組大妻村	小松作兵衛	磔
	子　兼松	獄門

出川処刑場跡。ここでは 11 人が処刑された〈松本市庄内〉

上野組氷室村　川上半之助　磔
　　　　　　　子　彦　　　獄門
　　　　　　　子　権之助　獄門
　　　　　　　弟　左五兵衛　獄門
出川組笹部村　赤羽金兵衛　獄門

出川《いでがわ》刑場にて処刑された人々

島立組堀米村　丸山吉兵衛　磔
　　　　　　　子　権太郎　獄門
　　　　　　　子　与作　　獄門
島立組堀米村　堀米弥三郎　獄門
出川組梶海渡村　塩原惣左衛門　磔
　　　　　　　子　三之丞　獄門
岡田組浅間村　三浦善七　磔
岡田組岡田村　橋爪善七　磔
　　　　　　　弟　勘太郎　獄門
会田組執田光村　望月与兵衛　獄門
　　　　　　　子　籐兵衛　獄門
合計　磔　八名　獄門　二〇名

恩田民親

改革とはまず己《おのれ》からなり

おんだ・たみちか（一七一七～一七六二）
江戸時代中期の松代真田藩家老。恩田木工《もく》の名で知られる。代々家老職の家に生まれ二十九歳で末席の家老の座に就く。四十歳の時、六代藩主真田幸弘より筆頭家老勝手方を命ぜられ藩政改革を一任される。長く逼迫《ひっぱく》していた藩の財政を宝暦の改革と呼ばれる大胆な施策で主導する。しかし改革半ば病にて死去。享年四十六。

松代といえば、あの信玄・謙信の壮絶な川中島合戦の古戦場として有名である。海津城と呼ばれた現在の松代城に信玄が本陣を構え、城から指呼の間に見える妻女山に謙信がデンと腰を据え……、両雄は八幡原で干戈《かんか》を交える。また幕末には吉田松陰など多くの志士を育てた開明学者の佐久間象山を世に出している。

真田藩の城下町だった松代は、今も江戸時代の街並みがよく残り、まさに歴史の宝庫の地といえる。しかし、川中島古戦場と象山に隠れてしまい、あまり有名とはいえないが、松代には現代政治家たちがもっとも理想とする政治家像を示す一人と称される人物がいる。本編の恩田民親である。

あの元米大統領・ケネディも理想の政治家の一人として民親を挙げたというのである。果たして恩田木工民親とはどのような人物だったのか。

古書『日暮硯《ひぐらしすずり》』は、恩田民親の藩政改革のありさまを伝える江戸後期に筆録された書である。現代の政治家にも熟読実践してほしい内容に満ちている。松代藩士の馬場正方によって書かれたとも

松代城跡。復元整備がよく進んでいる〈長野市松代町〉

伝えられるが、詳しいいきさつははっきりしていない。

江戸中期、多くの藩が切迫した財政の立て直しに取り組んだ。しかしどこもなかなか実効は上がらなかった。そんな中、改革の成功者として米沢藩の上杉鷹山《ようざん》は特に有名だが、恩田民親の改革も鷹山に決して引けを取らない内容であった。

長野市松代の、現在真田公園と呼ばれる一帯がかつての民親の屋敷跡である。真田宝物館のすぐ南あたり、真田屋敷や藩校・文武学校の東一帯の公園で、屋敷跡の碑の近くにいかにも篤実《とくじつ》そうな裃《かみしも》姿の民親像が立っている。

民親はおよそ六年間、家老として改革を陣頭で指揮した。真田藩は民親が改革に取り組む十数年ほど前に幕府から一万両借りねばならぬほど財政が行き詰まり、何度か改革は試みられたものの、藩士や領民の反発を招き失敗を続けていた。

これらの苦難の実態を見て、当時末席の家老に

真田公園の恩田民親屋敷跡〈長野市松代町〉

あった民親も、また次の藩主たる真田幸弘も深慮しつつ期するところがあったのだろう。

宝暦七(一七五七)年、幸弘は六代藩主に着任すると早速江戸藩邸に親類筋の大名らをすべて集め、こう宣言した。「今後は恩田民親に一切の藩政改革を任せる」と。

このような決断を宣言することは、当時としては異例中の異例で、藩主・幸弘の英断を称えるべきであろう。

また、藩主の意向を受けた民親も相当な覚悟を持ってこれを引き受けた。そのことは民親の次の言葉でよくわかる。民親は藩主親類筋の大名に対して、

「それがしにお任せいただくには、向後《こうご》それがしのやり方には一切何人も異を挟まないと誓っていただきたく存じまする」と断言・切望した。

親類筋の大名や重臣たちは「こいつに、いったい何ができるというのじゃ」と、色めき立って白

い目を向けたが、最後には幸弘と民親の強い意向を察し了解した。

かくして民親の改革の端緒は開かれたのである。その改革の骨子とはいかなるものか。

質素倹約の励行、贈収賄禁止、綱紀の粛正…な、なに？　これでは今までの改革となんら変わりないではないか！

だが、違った。民親はその実行の前にこう宣言したのだ。

「手前向後虚言を一切申さざる合点に候（嘘は絶対に言わない）」

「申し付けたる事、二度と変替は致さず候（一度言ったことは絶対に変更しない）」

そしてこの完遂実行の決意を、民親は妻子、親戚、家臣、使用人にはもちろん、諸役人、藩士、領民を集め、改革内容を事細かに説明して協力を要請、そして自らの強い「志気」を正直に公に示したのである。

これは階級制の強い当時の武家社会ではまったく例のないことであった。通常、改革といえば徹底的な倹約を領内に命じ、農民への増税や藩士への俸禄カットで財政を再建するのが一般的であった。

ところが民親は、

①一切増税はしない

②農民への諸役は廃止する

③年貢の先約や上納金は求めない

④役人に対する不満を書面にて差し出せ

と、申し渡した。

これには農民たちは狂喜し、民親の改革の方向を理解し協力する姿勢を見せた。だが逆に、藩役人は真っ青になった。これについては後述する。

そして民親自身は、家族・親戚や郎党らに離別、暇を宣言して自らその進め方を内外に示したというのだから徹底していた。結局、周囲はその強い決意に同調、今までどおりの勤めで倹約に徹したという。

真田公園の民親像〈長野市松代〉

民親が開校した文学館が前身の文武学校〈長野市松代町〉

不正を暴かれた役人たちは……

さて、不正を告発された驚愕の役人たちはどうなったか。

民親はこの役人たちを何も処罰せず、逆に自分の改革の同志とした。藩主幸弘は、さすがにそれを聞き眉を曇らせた。

「民親よ、それでは改革の示しがつかんではないのか」

「なれど殿、悪事を働いた者どもにはそれなりの知恵があったはず。その知恵を改革に役立てれば…」

「うーん、しかしかなりの大罪者もおるのじゃぞ」

「そこでぜひ殿から、その者たちを内々に集め、『改革を恩田に頼んだが、一人ではなかなか大変そうじゃ。その方らもぜひ恩田を助けてくれぬか』と仰せつけてくださいませんか」

「なるほど、あいわかった!」

悪事を告発され厳罰を覚悟して藩主の前に伺候《しこう》した役人たちは、まったく意外な幸弘の言葉に仰天した。そして民親の意を察し、これからは恩田殿の羽翼となって忠勤を励まんと心を入れ替えたという。

また民親は、領民や藩士に倹約せよ、おおいに働けというだけでなく、こうも言っている。

「皆々家業油断なく出精すべし。家業におろそかなるものは、天下の罪人なり。家業を出精して余分あらば、分限相応の楽はいかなる儀にても苦しからず候。家業に出精の上、楽しむ事ならば、慰みには浄瑠璃、三味線、博奕《ばくち》なりとも、好きたる事をして楽しむべし」

つまり遊び、趣味も楽しめ、博奕などもそれを家業とするは禁ずるが、やってよいというのだ。なかなか妙を得た民親の改革の中身であった。

こう書いてくると、すべて順調だったかのような民親の改革だが、特に藩の財政などはなかなか好転しなかった。だが文武の鍛錬を奨励するために宝暦八(一七五八)年に藩校「文学館」を開いたことや、公正な政治姿勢、「虚言なし」を前提としたことなどが藩士・領民の意識を大きく変えたのは確かであった。

長国寺の簡素な民親墓所〈長野市松代町〉

残念ながら民親は改革半ばにしてこの世を去ってしまった。多くの領民が民親の病気平癒を神仏に祈り、中には水垢離《みずごり》した者もいたほどだったという。民親が大きく信頼されていたことを物語る逸話である。

真田家の菩提寺・長国寺を訪ねると、重要文化財に指定されているきらびやかな初代藩主信

鹿教湯温泉に復元されている真田家江戸中屋敷〈上田市西内〉

之の霊屋《たまや》に目を奪われる。それに比べ民親の墓所は対照的で、ポツンと立つ質素な墓塔は、民親の生きざまをまさに表しているごとくである。

余談となるが、真田家や民親のことをあれこれ調べている中で、私は新しい発見に出会った。なんと上田市の鹿教湯《かけゆ》温泉に、江戸時代の真田藩中屋敷の建物の一部がほぼそのまま復元されていたのだ。現在の東京麻布のアメリカ大使館敷地に建っていた中屋敷は、幕末の動乱、関東大震災、戦災を奇跡的に免れ、さまざまな事情を経てこの地にもたらされ復元されたのだという。

大屋根の六文銭の紋所が真田の威容を今に伝えている。民親もこの屋敷を何度か出入りしたのだろうか。

藤田小四郎

天狗党を主導した尊攘の若大将

ふじた・こしろう（一八四二〜一八六五）幕末の尊王攘夷派の水戸藩士。正式名は信《まこと》。通称・小四郎。父は碩学《せきがく》の水戸学者・藤田東湖。幼き頃より藩校・弘道館に学び頭角をあらわす。八・一八の政変で尊攘派が退潮すると攘夷決行を決断。元治元（一八六四）年常陸・筑波山神社で挙兵、天狗党と合流。副隊長として中山道沿いに京を目指し進軍。しかし敦賀（福井県）にて降伏、処刑される。享年二十四。

「まさか、あのお方が藤田小四郎様だったとは、なんとも無念…」

伊那路を行軍する水戸天狗党の道案内を引き受けた座光寺村（現飯田市）の庄屋・北原稲雄は唇を噛んだ。

その時、小四郎は変名の「小野」を名乗っていたのでわからなかったのだ。のちに稲雄はその悔しかった思いを、

紫のゆかりの色の藤田とも知らで別れし事のかなしさ

と詠んだ。

若い時から学問を好んだ稲雄は天狗党進軍の趣旨をよく理解し、藤田東湖及びその一子・小四郎を崇敬していた。

「黒ビロードの陣羽織、髻《もとどり》を紫の紐で結び、後ろに垂らした眉目秀麗の若者」から稲雄は直接道案内を頼まれた。

すると、「一隊の教導職が百姓姿はいかん、これを着ろ」と、陣羽織を差し出された。稲雄が飯田の先まで道案内を果たし帰途に就こうとする

水戸天狗党一行通行の碑〈高森町牛牧〉

と、その若者は稲雄に厚く礼を述べ、そのお礼にと陣羽織をそのまま着ていけという。稲雄は恐縮して辞退した。その若者こそ藤田小四郎だったのである。

　幕末の頃、伊那谷を中心とした南信濃は平田篤胤《あつたね》創始の国学・勤王論の勉学が盛んで、篤胤の子・鉄胤の門下が各地で塾を開いていた。鉄胤の門人全国およそ四千人のうち、伊那谷には四百人近くいたというのだから驚く。まさに伊那谷は「勤王谷」の異名そのものであった。

　江戸時代の寺子屋数は信州が日本一だったともいわれ、近代の「教育県信州」の基礎がこの伊那谷でも培われていたといえようか。

　話を戻そう。

　よって伊那谷に住む人々は水戸天狗党の尊王攘夷論をよく理解し、心を寄せる者が多かったのである。

　現在、高森町の木曽山脈（中央アルプス）沿いを

今宮公園に立つ「水戸浪士通行記念碑」〈飯田市今宮町〉

走る県道一五号線に「水戸浪士この道を通る」と刻まれた碑が立っている。また飯田市北の郊外・今宮公園の野球場脇には、「水藩（水戸藩）志士留跡碑」「尊王義士甲子紀念碑」の石碑が堂々と「鎮座」している。

　さらに諏訪から伊那谷へ向かう伊那街道沿いの辰野町・井出交差点脇の碑には「水戸浪士休憩所」と刻まれるなど、南信濃一帯において水戸浪士の行動が今も地道に顕彰されている。

　小四郎は藤田東湖の四男で、幼き頃より目から鼻に抜けるような才気煥発《さいきかんぱつ》の子として神童の呼び声が高かったという。父は天皇家を尊び勤王を第一義とする水戸学の泰斗《たいと》にして藩主・徳川斉昭《なりあき》の重臣であり、その名は全国に響きわたっていた。小四郎も父の影響を受け弘道館で学び、しだいに若き尊攘論者としてその名を世に知られるようになっていた。

　万延元（一八六〇）年、水戸脱藩志士らが開国を推進した大老・井伊直弼《なおすけ》を暗殺すると、幕府を攻撃する尊攘論は全国的にいよいよ高まった。

そんな中、小四郎は文久三(一八六三)年藩主に随従して上洛、長州藩の桂小五郎・久坂玄瑞などの志士と交流、ますます尊王攘夷の思想に没入し、水戸藩尊攘派の中心人物となっていったのである。

同年五月、幕府は尊攘論の大勢に押され、やむなく攘夷決行を宣言した。ところが三ヶ月後、「八・一八の政変」で尊攘派は逆転され退潮、政局は混迷を深めた。水戸藩にも動揺が広がり、藩内は保守派と改革派に、さらに改革派は激派と鎮派に分裂してますます混乱した。

今宮公園の「尊王義士甲子紀念碑」〈飯田市今宮町〉

激派だった小四郎はこの状況を見て意を決し、ついに同志百人余を結集して筑波山神社(茨城県つくば市)にて尊攘決行を掲げ挙兵した。元治元(一八六四)年早春のことである。

水戸から南西へ三〇キロほど、広大な関東平野に浮かぶ筑波山南腹にある古社・筑波山神社。水戸天狗党結党の原点の地である。門前の際に小四郎像が立つ。広大な関東平野の向こうの、遠い京を見つめるがごとくの軍服姿の小四郎は、きりりとした顔立ちがかえって痛々しい。

小四郎は当初、都を目指す意図はなかったが、藩内で激派が孤立を深める過程で天狗党と合流、水戸天狗党を結成すると、武装してついに進軍を開始した。

水戸浪士一行休憩所跡の碑〈辰野町平出〉

藤田小四郎ら水戸天狗党の上京進軍の目途の素志《そし》は、朝廷から直接水戸藩に下された「水戸勅諚《ちょくじょう》」の遂行である。すなわち「京の朝廷と慶喜公（水戸斉昭の子、当時将軍後見職）に、われらが衷情を伝え尊王攘夷の実行を迫らん！」というものであった。

この間、若き小四郎は東奔西走、そのほとばしる熱情をもって年長の者にも切々とその思いを説き、賛同させ同心させた。六十一歳の元水戸町奉行・田丸稲之衛門、その兄の藩目付だった山国兵部、そして藩執政の重職にあった武田耕雲斎（六十三歳）を一党の総大将として迎え入れたのである。

田丸稲之衛門などは、小四郎と兄の山国兵部に面会し、行動の自重を求めに赴いたところ、逆に小四郎に説得され党の軍師として参軍することになったという。藤田小四郎という若者が、いかに熱意あふれる才智明弁の人物であったかを物語っている。

だが小四郎らは京に達することなく、その志は届かなかった。行軍中に幕府軍と戦ったことなどで反乱軍とみなされ、幕府から追討命令が各藩に下されたのである。水戸浪士方十五名、松本藩士四名、高島藩士六名の戦死者を出した中山道・和田峠における松本藩・高島藩連合軍との合戦は、進軍過程での最大の合戦といえよう。

和田峠から南に下る国道一四二号線沿いの古戦場の一角に、浪士塚を中心とした一帯が広い緑地となり、「元治元年水戸浪士　殉難の処」の碑や「和田嶺合戦百年祭乃碑」などの碑が立っている。その奥に盛り土された塚があり、浪士塚の碑に水戸浪士方の姓名が判明した六名の戦死者の名が刻まれている。

筑波山神社の藤田小四郎像〈茨城県つくば市〉

哀切なる天狗党の末路

一行は諏訪から伊那谷を抜け、美濃を経て越前へ向かった。しかし、京への道は幕府の包囲網で閉ざされつつあった。越前の地においても加賀藩・越前藩らの兵士およそ一万余が待ち構えていた。しかも幕府側の総指揮官は、なんと彼らの頼みとする慶喜だったのだ。

諸藩には水戸天狗党の思いを知って同情する者が少なくなかった。結党以来およそ一年、水戸天狗党はついに解党を決断した。ところが、武装解除、全面降伏したにもかかわらず幕府の処断は過酷だった。若狭・敦賀において、およそ四百人近くの者が処刑されたのである。日本史上例を見な

和田峠の古戦場に祀られる水戸浪士の塚〈下諏訪町樋橋〉

い大量処刑は、多くの批判を浴びた。幕府は自らの首を絞め、その崩壊を早めたともいわれる所以《ゆえん》である。

後に明治政府の要人に、幕府側、特に水戸藩出身者がきわめて少ないのは、小四郎など優秀な人材をこの処刑で多く失ったことが大きかったのである。

敦賀・松原神社の水戸烈士の一段高く築かれた墓塚には十五の墓石碑が並び立ち、それぞれに処刑された人々の名が刻まれ、四百余名が眠っている。居並ぶ墓石碑の前に立つと、さすがに荘厳な気持ちになり手を合わせたくなる。小四郎は中央の総大将武田耕雲斎と同じ墓石碑にその名が刻まれている。

小四郎及び武田耕雲斎、山岡、田丸の四人は斬首され、その首級は水戸に送られ梟首《きようしゆ》された。

小四郎の墓所は水戸市松本の常盤共用墓地にある。徳川光圀が創設した水戸藩士の代々の墓地で、ここには父・東湖、祖父・幽谷も眠っている。

水戸弘道館玄関正面に今も掲げられる「尊攘」の文字〈茨城県水戸市〉

また隣接する回天神社には、桜田事件など幕末の国事で殉難した人々が眠っている。水戸天狗党三百四十四柱など整然と並ぶ二千近い柱列を目の前にすると、胸が詰まる。

小四郎が学んだ水戸の弘道館を訪ねると、正面玄関で「尊攘」と大書された二文字に突き当たる。この二文字が小四郎はじめ幕末の若者たちを惹き付け、時代を大きく動かした。

攘夷を声高に唱え、反対派を惨殺する激しい行動は、なかなか理解が難しい。

水戸天狗党のみならず、小四郎はじめ多くの人々が幕末に散った。そして生き残った者たちが、開国和親、日本の近代化を成し遂げた。今は「無謀・軽挙」に思える純度の高い熱情が大きく時代を動かしたことは確かなのである。

なぜあのような熱情が激しく燃え上がったのか。

私は想像する。尊王攘夷の理論を唱え、行動を実践することで、身分を越えて人の上に立てる、並べる。論者として、学者として、ついには政治家として。

しかも長く日本を支配してきた膠着《こうちゃく》した幕府体制・身分体制を農民や下級武士の力によって変えられるかもしれないという感覚が、彼らをして尊王攘夷論を熱く叫ばせたのでないか。尊攘論の「中身」は二の次ではなかったか、などと。

二十四歳で散った小四郎の辞世が残っている。

かねてより思いそめにしまごころをきょう大君に告げて嬉しき

高杉晋作

ただ一人で挙兵した幕末の快男児

たかすぎ・しんさく（一八三九〜一八六七）
幕末期の長州藩出身の志士。松下村塾で吉田松陰に学び頭角を現す。万延元（一八六〇）年二十一歳の時、信州・松代に佐久間象山を訪ね議論を交わす。三年後奇兵隊を結成。元治元（一八六四）年、第一次長州征討に対して下関・功山寺で挙兵、藩論を討幕に変える。第二次長州征討では海軍総督として指揮を執り幕府軍を撃退するも翌年病死。享年二十九。

一、「只今より長州男児の肝っ玉をお目にかけ申す」と、大音声を発し、たった一人で駈け出した功山寺での挙兵

二、武士以外の農民らを中心に奇兵隊を組織

三、下関砲撃事件における英国人を驚嘆させた堂々たる交渉ぶり

四、二十九歳というあまりに早き死

幕末の快男児という威名にふさわしいこれら高杉晋作の劇的な生涯は多くの人々を魅了してやまない。

さらにまた高杉は長駆、なんと信州・松代にまで足を延ばし、蟄居《ちっきょ》中の佐久間象山を訪ねて来ているのだ。その韋駄天《いだてん》のごとき行動力も魅力だ。「どうしても象山の意見を聞きたい、どうしても象山と議論せねば」という熱誠の思いから、高杉は蟄居中の象山にまともに頼んでも面会できないと知ると、病人を装い、医者・象山に患者として面会したという。ほとばしる熱情は高杉にとって信州など近いところだったか。

二人が会談した高義亭は象山神社境内に復元さ

象山神社の高義亭内に掲げられる左から高杉晋作、久坂玄瑞、中岡慎太郎の写真〈長野市松代町〉

れている。その二階の一室に、高杉の写真が掲げられている。隣に久坂玄瑞・中岡慎太郎の写真も。高杉と象山はこの部屋で向き合い熱い議論を交わしたというのだ。六畳ほどの狭い空間に座り、高杉の写真をじっと見つめると、今でも二人の熱気が伝わってくる感じがする。

　高杉この時二十一歳、象山五十二歳。日本の将来を憂える若者はほとばしるエネルギーを泰斗《たいと》・象山にぶつけた。激論は夜を徹して延々八時間にも及んだという。議論というより、おそらく高杉はひたすら問い、象山はそれに熱く応えたことだろう。

　高杉は恩師・吉田松陰から、「象山先生への三つの質問状」を預かっていた。議論の内容はそこに集中したことは想像に難くない。

　三つの質問とは、

①幕府、大名のどちらに将来を託すべきか
②わが国の再建はどこから着手すべきか
③丈夫（男子）の死に場所はいずれの処《ところ》がもっとも

象山が幽閉されていた高義亭。象山神社に移築復元されている〈長野市松代町〉

当たるか
その時点で松陰は前年刑死していた。また松陰を断罪した井伊直弼《なおすけ》も、半年前に桜田門外で暗殺されこの世になく、まさにわが国は混沌とした国情の最中にあった。

高杉は象山から何を聞き得たのか。残念ながらはっきりした議論の内容は定かでない。だが攘夷論に凝り固まっていた高杉が、「本格的な攘夷決行には、まずは外国に学ばねばならない」という象山の論に、強く啓発されたことはまちがいないだろう。

二年後、高杉は中国の上海へ渡航し、列強の強大な力と属国化された清国の屈辱的な現状を見て慄然《りつぜん》とした。

「日本をこんな姿に絶対にしてはならない」

この時の確固たる思いが、四国艦隊下関報復戦争の惨敗後における高杉の講和交渉に生かされた。

その交渉にあたっていたイギリス人・アーネス

萩の松陰神社に残る松下村塾〈山口県萩市〉

ト・サトウは日記にこう書き残している。
「高杉は烏帽子《えぼし》・直垂《ひたたれ》姿で交渉の席につき、まるで魔王のように傲然《ごうぜん》としていた」
「長州藩家老」と偽って交渉に臨んだ高杉は、要求された下関沖の彦島の租借《そしゃく》を断固突っぱねた。彦島が香港のような植民地となることを恐れ、これをきっぱりと拒んだのである。この高杉の決意は実に国際感覚に秀でた快哉な判断であったといっていい。

高杉家は戦国時代から代々毛利家に仕えた伝統ある家柄で、晋作の父・小忠太は晋作誕生当時、小納戸役の職にあった。晋作は十四歳で藩校・明倫館に入学、成績優秀だったが漢学中心の学問に不満を持った。そんな折、吉田松陰の密航事件を契機に松下村塾を訪ねたことで松陰に強く感化され、入門した。そして、武士でない久坂玄瑞や伊藤博文などと知己を得たことが晋作に大きな影響を与えたのである。

参拝者が絶えない高杉が挙兵した功山寺〈山口県下関市〉

東京・世田谷区の松陰神社に、松陰は眠っている。松陰が刑死した四年後、高杉は久坂、伊藤らと松陰の亡骸《なきがら》を小塚原の刑場（現在の荒川区南千住・回向院）からこの地に改葬した。

境内の一角には、高杉らが松陰に学んだ故郷・萩の松下村塾の建物がほぼそのまま復元されている。塾生らの教室・八畳一間の部屋は狭い。だが、何か茫洋《ぼうよう》とした開放感がある。萩の松下村塾そのままの復元が、同じ感覚を与えてくれるのかもしれない。

名高い門人たちの写真を眺めながら、この部屋での学びから、高杉や久坂、木戸、伊藤博文、山県有朋らは輩出されたのだろうかと考えると、何か不思議な感じがする。

門人たちはただ自由に、拘束されることもなく、身分の上下もなく闊達《かったつ》に学んだというのだが…。

♪～真があるなら今月今宵～♪

下関の功山寺は、市街地からかなり離れた静か

功山寺の晋作騎馬像〈山口県下関市〉

な里にあった。多くの見学客というか参拝者が次々と山門をくぐっていく。国宝の本堂を有する境内の一角に高杉の騎馬像が立っていた。

ここが国を大きく変えたという奇跡の原点なのかと、感慨深いというより、これまた何か信じられないような不思議な空間だった。

「♪〜真があるなら今月今宵、あけて正月誰も来る〜♪」

これは高杉が決起したときの気持ちを詠んでつくった都々逸《どどいつ》の一作という。投げやりのような気持ちと、懇願するような心情を表している。

そして奇跡は起こった。

赤穂浪士の決起日と同じ十二月十四日、功山寺の高杉の下へ集まってきたのは伊藤博文らわずか八十人ほどだった。一致結束して萩藩会所を占拠、そして海軍局に乗り込み軍艦を奪う。その戦果を聞き、当初挙兵に反対した奇兵隊らも参戦、ついには長州藩軍をも撃破して藩論を討幕にひっくり返す。

道の駅「萩往還」に立つ高杉像(左)。中央・吉田松陰、右・久坂玄瑞〈山口県萩市〉

一途な信念を抱くことのすごさはまさに小説より奇なる事実となった。高杉は無念にも明治維新を待たずに病死する。くしくも恩師・松陰と同い年の二十九歳。

その死は多くの人を悔やませ悲しませ、葬儀には三千人もが参列したという。

緑萌える五月、萩、そして下関の高杉のふるさと、ゆかりの地を訪ね歩いた。私の想像を超えるほど、高杉は地元にて顕彰、敬慕されていた。特にあちこちに立てられ崇められている像は、師たる松陰より多いくらいである。

国道二六二号線から萩の市街に入る途中の道の駅・萩往還では、まず松陰・久坂玄瑞と並んだ松下村塾入塾の頃の初々しい姿をした像が迎えてくれた。

萩の高杉旧宅近くの「晋作広場」には珍しく丁髷《ちょんまげ》で二本差し姿の像が。絶命の地となった下関へ行くと、先に紹介した功山寺の騎馬像、日和山

東行庵の高杉晋作墓所〈山口県下関市〉

公園には屹然《きつぜん》と立ち関門海峡を見守るがごとくの像、そして墓所・東行庵にも二つの像が。

墓所も多い。萩の松陰墓地では松陰の傍らに眠っている。東行庵では奇兵隊士百三十人余とともに、下関・桜招魂神社（口絵参照）には奇兵隊の志士三百九十一人と同等に並び、また京都・霊山護国神社では、久坂、来島又兵衛、入江九一らと並び、維新に尽くした志士千三百五十六柱の招魂墓として祀られている。

後に伊藤博文はこう述懐した。

「高杉さんの功山寺挙兵に命を賭して駆け付けたことが、私の生涯で最大の栄誉である」

ちなみに、高杉ほど多くの名を持ち、名を変えた人物はそういないだろう。ざっと紹介すると、諱《いみな》は春風。通称は晋作、東一、和助。字は暢夫《ちょうふ》。号は初め楠樹、後に東行《とうぎょう》と改め、東行狂生、西海一狂生、東洋一狂生とも名乗っている。またあちこち逃亡先での変名も多く、谷潜蔵、谷梅之助、

京都霊山護国神社に並ぶ長州藩士の墓。右から高杉、来島又兵衛、久坂玄瑞、寺島忠三郎。来島と久坂、寺島は禁門の変の戦死者〈京都市東山区〉

備後屋助一郎、三谷和助、祝部太郎、宍戸刑馬、西浦松助などが伝えられている。

最後に、早逝した高杉を悼み、その人物像を述懐した言葉を紹介しておこう。

伊藤博文は、「動けば雷電のごとく発すれば風雨のごとし、衆目駭然《がいぜん》、敢《あえ》て正視する者なし。これわが東行高杉君に非《あら》ずや…」

山県有朋は「当時にありてすでに群を抜き出でたる高杉なれば、今日にあっても伊藤・井上らの比ではあるまい」

土佐出身で宮内大臣を務めた田中光顕はいう。「自分は維新三傑をことごとく知っている。また坂本、武市、中岡その外、多くの名士先輩に接している。しかしながら、聳然《しょうぜん》として一頭地を抜いているものは高杉である」

山岡鉄舟　明治天皇を育てた剣豪

やまおか・てっしゅう（一八三六〜一八八八）幕末の幕臣。明治初期の政治家。明治元（一八六八）年三月、駿府（現静岡市）にて進軍中の東征軍参謀・西郷隆盛と直談判、勝海舟と西郷の江戸総攻撃中止に至る会談を成立に導く。明治政府下では県参事などを歴任後、明治天皇の侍従となる。一刀流の剣の達人であり、書・禅にも卓越した才を発揮、勝海舟・高橋泥舟とともに「幕末三舟」と称えられる。五十三歳で病没。

「幕臣山岡鉄舟、大総督府に急用あり。まかり通る！」

東海道を西へ突っ走る最中に発したこの大音声は、山岡鉄舟の豪胆さを表す言として名高い。東海道筋は江戸へ進軍する東征軍で満ちあふれていたのだからまさに敵中突破、その大胆さにみな圧倒され道をあけ、ついに鉄舟は駿府に達し西郷隆盛と会見する。

鉄舟は駿府の松崎屋源兵衛宅で西郷と会見、江戸総攻撃を中止させ将軍慶喜の命を救った。その会見のやりとりは鉄舟の人間味があふれ、西郷のみならずわれわれをも感動させる。

将軍・慶喜が江戸城を出て、上野寛永寺に謹慎している状況をつぶさに聞いた西郷は、大総督宮と相談の上、次の五つの条件を山岡に提示した。

一、江戸城を明け渡すこと

一、城中の人数を向島へ移すこと

一、兵器を渡すこと

一、軍艦を渡すこと

一、徳川慶喜を備前へ預けること
ところが鉄舟は、先の四条は承知、しかし最後の一条は絶対に受け入れられないという。

「山岡どん、これは朝命ですぞ」

睨んですごむ西郷。

「ならば西郷先生、立場を逆にして仮にあるじ島津公が他藩にお預けと朝命が下ったならば、西郷先生は唯々諾々《いいだくだく》お受けなさるか」

西郷はぐっと詰まった。

「いくら朝命であっても、君臣の情として慶喜様の備前藩お預けなどと、絶対に承服でき申さぬ！」

西郷隆盛・山岡鉄舟会見の地碑〈静岡市葵区〉

西郷は山岡の熱情に折れた。それによって江戸は火の海にならず、また慶喜の命は救われた。

「金も命も名誉もいらぬ山岡どんの迫力に負け申した」と西郷。この時西郷は鉄舟に惚れ込み、後に明治天皇の侍従・養育係として強く鉄舟を推挙する。

江戸城の無血開城といえば、三田での西郷と勝海舟の会談がつとに有名だが、実はその本質は駿府での山岡・西郷会談で決していたのである。

歴史的ともいうべき両雄会談の地には、静岡市葵区の繁華街に「西郷山岡會見之史跡」と刻まれた碑が立っている。周囲がにぎやかなため目立たないのだが、碑には二人のレリーフ像が並び一見に値する記念碑である。

鉄舟は旗本・小野家の出だった。しかし槍術を学んだ山岡静山の家を継いだ。剣は北辰一刀流を学ぶなど根っからの武士として成長、身長一九〇

大聖寺に残る鉄舟の書〈飯山市飯山〉

センチ、体重一〇〇キロという堂々たる体躯を擁して、たちまち「鬼鉄」（幼名鉄太郎）の異名を得て慶喜の警護の任に就いた。鉄舟は剣のみならず若い頃から禅の道、また書の道にもよく精進し、名人の域に達していた。

鉄舟が信州・飯山を足繁く訪れたのは四十七歳頃である。明治天皇の侍従を退いた後は、元老院の議員だった。

江戸時代初期の臨済禅の高僧・正受老人（恵端禅師）を敬慕していた鉄舟は、師が飯山に開基した禅寺の名刹・正受庵が廃寺になると聞き、その再興に尽力した。書の達人として名声を博していた鉄舟の墨書は垂涎《すいえん》の的となり高額で求められ、得たお金はすべて正受庵再興の費用に充てた。生涯に千枚余の書をしたためたという鉄舟だが、得たお金のほとんどは人にやるか、寄付したという。

正受庵は今、深い緑に包まれた禅の道場として「寺の街・飯山」の静かなたたずまいの中にある。

飯山にて鉄舟がよく止宿したという大聖寺で、襖《ふすま》にしたためられた鉄舟の書を見せていただいた。実に豪快、実に雄渾《ゆうこん》なる筆跡に息を飲んだ。

「山岡、余が悪かった…」

波乱に富んだ鉄舟の生涯は数々の逸話で彩られている。

その一

自身が極貧の日々というのに、困った者に何でもすぐ与えてしまう鉄舟、ある日友人宅へ行こうとしたが下駄がない。

「俺の下駄は？」

「先ほどのお客様の下駄があまりに汚いので差し上げました」

鉄舟も鉄舟なら、妻もこの調子であった。仕方なしに鉄舟は雑巾一枚持って裸足で外へ。友人宅玄関先で足を拭って上がった。

ところが帰りに玄関先が大騒ぎ。

「あれ、山岡様の履き物がない！」

鉄舟寺。鉄舟が復興に尽力した〈静岡市清水区〉

逃げるように飛び出して駆け出す鉄舟。翌日友人から新しい下駄が届けられていた。

その二

明治天皇の侍従時代。ある日天皇は泥酔して突然鉄舟に殴りかかってきた。鉄舟がひょいとよけると天皇は転び顔を打って傷を負った。周囲にいた者が傷の手当を受けている天皇に早く謝れという。ところが鉄舟は謝罪などせぬという。

「私が殴られていたら陛下は暴君となる。わざとならば私は陛下に迎合する佞人《ねいじん》の侍従となる。どちらにしても陛下自身、酔いのさめた後に深く後悔遊ばされるだろう」

それを聞いた天皇は、

「余が悪かった」

ところが鉄舟は、

「ただ悪かったとの仰せだけでは、私は座を立てませぬ。どうか陛下に実効をお示しくださるよう」

鉄舟、死を覚悟しての強硬な意見であった。

鉄舟寺の鉄舟像〈静岡市清水区〉

すると天皇は、

「今後、酒をやめる」

といった。

鉄舟は感涙にむせんで「聖旨《せいし》、ありがたく拝承し奉る」と言上して退出した。

鉄舟はそれから一ヶ月、謹慎と称して出仕しなかった。そしてある日、鉄舟は突然出仕、天皇に葡萄酒一ダースを献上した。

「もう飲んでもよいというか！」と、天皇は狂喜して鉄舟の面前で早速、召し上がったという。

その三
任侠《にんきょう》の親分として名高い清水次郎長（山本長五郎）は鉄舟が静岡県の役人時代に肝胆《かんたん》相照らし合う仲となった。一千年以上前に開基されたという古刹・久能寺が廃寺と知り、鉄舟が再建に尽力した時、次郎長は土工人夫・建材の調達などによく働いてくれた。また鉄舟の揮毫《きごう》した書をあちこちで売りさばき資金にしたという。三保の松原に近

全生庵の山岡鉄舟墓所〈東京都台東区〉

い久能寺は今、鉄舟寺と呼ばれ、境内に鉄舟の座像が立てられている。

その四

臨終近い鉄舟の家に多くの友人・門弟がつめかけみな一応にしょんぼりとうなだれていた。その中に落語家の三遊亭円朝を見つけた鉄舟は、

「円朝、みな退屈している。一席ここでやれ」

「先生それだけは…、いやぁ今日は勘弁してください…」

「いいからやれ、一番おもしれぇのをやれ、俺が聞きてぇんだ」

後に「生涯あれほど辛い一席はありませんでした。涙をこぼしながらやりました…」と円朝は述懐している。

鉄舟は東京・台東区の上野寛永寺に近い全生庵に眠っている。鉄舟が幕末維新で国事に殉じた人々の菩提を弔うために建立した禅寺である。禅の門弟だった三遊亭円朝もここに眠っている。

参考文献（順不同・敬称略）

『信州の城と古戦場』（南原公平・しなのき書房）
『源氏命運抄』（田屋久男 編・アルファゼネレーション）
『信州の城下町を歩く』（川崎史郎・川辺書林）
『信州あの人ゆかりの菩提寺・神社』
（北沢房子／安藤州平・信濃毎日新聞社）
『新版信州歴史の旅』（南原公平／若林傳・令文社）
『信州のまほろば』（南原公平／若林傳・令文社）
『安曇野に八面大王は駆ける』（中島博昭・出版 安曇野）
『探訪 安曇野』（中島博昭・郷土出版社）
『武田信玄と諏訪』（諏訪史談会・諏訪史談会）
『近江戦国の道』
（淡海文化を育てる会 編・淡海文化を育てる会）
『信玄、謙信と信濃』（小林計一郎・信濃毎日新聞社）
『戦国大名と信濃の合戦』（笹本正治・一草舎）
『甲信の戦国史』（笹本正治・ミネルヴァ書房）
『武田信玄と松本平』（笹本正治・一草舎）
『信濃の戦国武将たち』（笹本正治・宮帯出版社）
『信州歴史散歩』（南原公平・創元社）
『信濃の山城』（小穴芳美 編・郷土出版社）
『信州の山城』（信濃史学会・信毎書籍出版センター）
『信玄と信濃』（南信日日新聞社報道部・南信日日新聞社）
『武将列伝 一～六』（海音寺潮五郎・文芸春秋）
『松本城』（金井圓・名著出版）
『信州歴史の旅』（長野県観光連盟・令文社）
『長野県の歴史散歩』
（長野県高等学校歴史研究会・山川出版社）
『わが町の歴史長野』（小林計一郎・文一総合出版）
『信濃武士』（宮下玄覇・宮帯出版社）
『松本藩六万石城下近郷案内』（黒岩功・山麓舎）
『中世信濃武士意外伝』（長野県立歴史館・郷土出版社）
『信濃中世武家伝』（田中豊茂・信濃毎日新聞社）
『武田騎馬軍団秘史』（依田武勝・叢文社）
『日暮硯紀行』（奈良本辰也・信濃毎日新聞社）
『恩田木工 真田藩を再建した誠心の指導者』
（ＰＨＰ研究所）
『城下町まつもと昔がたり』（中川治雄・郷土出版社）
『佐久間象山の生涯』（前澤英雄・象山神社奉賛維持会）
『二十四人の剣客』（高木健夫・鱒書房）
『義民 城に叫ぶ』（塚田正公・信教出版部）
『貞享義民一揆の実像』（田中薫・信毎書籍出版センター）
『真田騒動—恩田木工』（池波正太郎・新潮文庫）

『高遠藩の攻防と一夜の城』
（講演記録集刊行会・ほうずき書籍）
『平家物語の虚構と真実』（上横手雅敬・講談社）
『源平時代人物関係写真集』（志村有弘・勉誠社）
『源義経の時代』（末國善己・作品社）
『源氏三代　一〇一の謎』（奥富敬之・新人物往来社）
『武田二十四将略伝』（野澤公次郎・武田神社）
『武田信虎のすべて』（柴辻俊六・新人物往来社）
『武田勝頼』（柴辻俊六・新人物往来社）
『憂国の情やみがたし』（塩澤尚人・郷土出版社）
『世に棲む日日』（司馬遼太郎・文春文庫）

別冊歴史読本シリーズ　新人物往来社刊
『明智光秀、真田幸村、武田信玄の生涯』
『図説徳川家康の時代、織田信長、徳川家康』
『高杉晋作　闘将幸村と真田一族』

歴史群像シリーズ　学研刊
『真田幸村、真田三代、武田信玄、源平の興亡』
『戦乱南北朝、真田戦記、激闘織田軍団』
『織田信長、徳川四天王、平清盛、藤原四代』

シリーズ藩物語　現代書籍刊
『松代藩』（田中博文）
『上田藩』（青木歳幸）
『松本藩』（田中薫）
『高遠藩』（長谷川正次）
『小諸藩』（塩川友衛）

史料・古書など
「信濃史料」長野県立歴史館ホームページ
『甲越信戦録』（岡田由往 訳・龍鳳書房）
『平家物語』（角川文庫）
『源平盛衰記』（国民文庫）
『吾妻鏡』（汲古書院）
『曽我物語』（国民文庫）
『承久記』（前田本系）
『太平記』（岩波書店）
『甲陽軍艦』（人物往来社）
『常山紀談』（博文館）
『信長公記』（人物往来社）
『関八州古戦録』（新人物往来社）
『将門記』（サンケイ新聞出版局）
『信濃の伝説』（すばる書房）

あとがき

子供の頃から武将や合戦が好きだった。上杉謙信に惹かれた。塩に難渋する敵・信玄の領国・信州などの民衆に越後の塩を送ったという逸話には特に感動した。謙信がますます好きになり、小中時代は尊敬する人物として躊躇《ちゅうちょ》なく「謙信！」といい放ったことをよく覚えている。

しかしわが信州・信濃は、謙信・信玄によって滅ぼされ、降伏した武将が実に多いことを知るにつれ目線が変わった。

「信州勢は、謙信・信玄のみならず信長・秀吉・家康にも、さかのぼれば頼朝・尊氏にもやられっ放しではないか…」と。

前作『信州往来もののふ列伝』に取り組んでいる頃からそんな情感に浸るようになった。若い頃には、ほとんど感じたことはなかったが。

戦国時代に限らず、わが信州に限らず、源平・江戸・幕末、いつの時代にあっても「負けた、負けはしたが…」と、呻《うめ》きながら死んでいったもののふ、また生き残って自らの生きざまを貫いたつわものを書き留めたいと思うようになった。

「死ぬまで生きてやる！」とは妙な表現だが、懸命に生きて散って逝った人物像三十二人の咆哮《ほうこう》を書き留めたつもりである。

共通点は、みな信州と何らかの関わり、ゆかりを持っていること。「三十二将星」としたのは、佐藤継信・忠信兄弟伝、曽我祐成・時致兄弟伝にて、それぞれ兄弟二人を記したからである。

逸話や伝承が少ない人物が多く、あれやこれやで関連する史跡・ゆかりの地を「発見」した時は、砂の中に砂金の粒を目にしたような嬉しさがこみ上げ、すかさずクルマを飛ばし現地へ向かった。

佐久の閼伽流山ふもとの明泉寺に、香坂高宗の顕彰碑が立っていた！

おお、渡辺金太夫屋敷跡碑が、なんと高天神城を望む地に！

鬼小島弥太郎屋敷碑が謙信の居城・春日山城内にあったとは！

そして、戸田康長の命を救ったという白狐を祀る祠が、いまだ松本市内の旧家に残されていたとは！

そんな感激も綴った。

ところが集中力が日増しに衰え、なかなか筆が進まず刊行がどんどん遅れている間に、愛する弟が逝ってしまった。東大・コロンビア大学院卒、溌剌《はつらつ》とした第一線の企業マンという自慢の弟だった。辛い別れだった。生きていればきっとこの刊行を喜んでくれたのに。

「にいちゃん、にいちゃん」と幼い頃から慕ってくれた亡き弟に刊行を報告し、深く冥福を祈るばかりである。

出版にあたっては、小一時代からの旧友の東京大学名誉教授・竹内整一氏より終始激励をもらった。また、しなのき書房編集部の望月喜茂さんには、当初から多大なご迷惑をかけたにもかかわらず、懇切なお世話をしていただいた。この場を借りて厚くお礼を申し述べます。ほんとうにありがとうございました。

令和二年五月　山崎　泰

山崎 泰（やまざき・とおる）

1946年長野県生まれ。安曇野市在住。松本深志高校卒。國學院大學大学院修士課程（史学）修了。㈱学習研究社（現・学研ホールディングス）編集部勤務を経て、松本第一高校教員となる。テニス部監督、歴史研究会顧問などを務め、2002～2009年校長職。
現在、信濃史学会会員。著書に『石田三成の微笑』（2004年新風舎）『信州往来もののふ列伝』（2017年しなのき書房）などがある。現在は地元タウン紙「MGプレス」に「知られざる信州の古戦場」を連載中（2018年～）。

負けても負けぬ 三十二将星列伝

2020年6月17日　初版発行

著　者　山崎　泰
発行者　林　佳孝　発行所　株式会社しなのき書房
〒381-2206 長野県長野市青木島町綱島490-1
TEL026-284-7007 FAX026-284-7779

印刷・製本／大日本法令印刷株式会社

※本書の無断転載を禁じます。本書のコピー、スキャン、デジタル化などの無断複製は著作権法上での例外を除き禁じられています。
※落丁本、乱丁本はお手数ですが、弊社までお送りください。送料弊社負担にてお取り替えします。

Ⓒ Toru Yamazaki 2020 Printed in Japan

ISBN 978-4-903002-64-4